本书系河南省教育科学规划重点课题
"中华优秀传统文化与高校思想政治教育融合研究"
(〔2019〕-JKGHZD-08)研究成果

传统文化融入思政教育的理论与实践

于　瑜　著

郑州大学出版社

图书在版编目(CIP)数据

传统文化融入思政教育的理论与实践／于瑜著. —郑州：郑州大学出版社，2020.11(2024.6 重印)
ISBN 978-7-5645-7518-2

Ⅰ.①传…　Ⅱ.①于…　Ⅲ.①高等学校 - 思想政治教育 - 教学研究 - 中国　Ⅳ.①G641

中国版本图书馆 CIP 数据核字(2020)第 224220 号

传统文化融入思政教育的理论与实践
CHUANTONG WENHUA RONGRU SIZHENG JIAOYU DE LILUN YU SHIJIAN

策划编辑	李勇军	封面设计	苏永生
责任编辑	刘晓晓	版式设计	苏永生
责任校对	秦熹微	责任监制	李瑞卿

出版发行	郑州大学出版社(http://www.zzup.cn)
地　　址	郑州市大学路 40 号(450052)
出 版 人	孙保营
发行电话	0371-66966070
经　　销	全国新华书店
印　　刷	廊坊市印艺阁数字科技有限公司
开　　本	890 mm×1240 mm　1 / 32
印　　张	8.125
字　　数	159 千字
版　　次	2020 年 11 月第 1 版
印　　次	2024 年 6 月第 2 次印刷

书　　号	ISBN 978-7-5645-7518-2	定　　价	48.00 元

本书如有印装质量问题,请与本社联系调换。

序　言

　　党的十八大以来，中共中央对继承和弘扬中华优秀传统文化频繁发声，使国家的文化自信底色日渐浓厚。中华优秀传统文化是我们民族的精神命脉所在，是涵养社会主义核心价值体系的重要力量源泉，是坚定我们理想信念的深厚文化软实力。作为一种优质教育资源，中华优秀传统文化蕴含着丰富的思想政治教育元素，挖掘、采撷、梳理和吸纳这些优质元素，对当代高校思想政治教育的发展具有重要价值。

　　在新的历史条件下，充分挖掘中华优秀传统文化的内涵，拓展其外延，找到一条传统文化在高校思想政治教育中功能发挥的正确路径，必然能对我国高校思想政治教育的发展起到重要的推动作用。

　　当前，随着我国经济社会深刻变革、对外开放日益扩大、互联网技术和新媒体快速发展，各种思想文化的交流、交融、交锋更加频繁，高校思想政治教育既面临严峻挑战，又获得了良好发展契机，迫切需要深入挖掘传统文化价值内涵，进一步激发传统文化的生机与活力。深化对传统文化在高校思想政治教育中重要性的认识,可以进一步增强文化自觉和文化自信。正是基于此,本书将对中华优秀传统文化在高校思想政治教育中的价值及实现路径进行深入研究。

本书共分五部分。第一部分主要阐述文章的研究背景及意义和国内外研究综述、思路及方法,分析中华传统文化和高校思想政治教育的内涵、特征、作用、发展历程,及两者之间的内在关联。第二部分阐述中华优秀传统文化融入高校思想政治教育的理论支撑,着重分析马克思主义关于文化价值及道德教育的理论、马克思主义中国化中关于优秀传统文化的思想及国内外学者的相关理论。第三部分阐述中华优秀传统文化融入高校思想政治教育的价值元素,重点论述中华优秀传统文化蕴含高校思想政治教育理念、丰富高校思想政治教育内容、扩充高校思想政治教育方法等问题。第四部分阐释中华优秀传统文化融入高校思想政治教育的价值实现困境,并分析困境成因。第五部分阐释中华优秀传统文化融入高校思想政治教育的对策,论述明确中华优秀传统文化的道德教育原则、完善中华优秀传统文化的道德教育要求、利用中华优秀传统文化的道德教育载体、营造中华优秀传统文化的道德教育环境、构建中华优秀传统文化价值实现的保障体系、提升中华优秀传统文化融入高校思想政治教育机制等内容。

于瑜

2020 年 8 月

目 录

第一章 研究背景及核心概念

第一节 研究背景及意义

一、研究背景

从国家宏观战略看,中华人民共和国成立以来,党中央高度重视加强公民的思想道德建设,进行过一系列探索。十一届三中全会以来,以邓小平同志为核心的党的第二代中央领导集体十分关注社会主义精神文明建设和公民道德素养的提升,强调"我们要建设的社会主义国家,不但要有高度的物质文明,而且要有高度的精神文明"①。党的十八大报告指出:"全面提高公民道德素质。这是社会主义道德建设的基本任务。要坚持依法治国和以德治国相结合,加强社会公德、职业道德、家庭美德、个人品德教育,弘扬中华传统美德,弘扬时代

---

① 邓小平.邓小平文选:第二卷[M].北京:人民出版社,1994:367.

新风。"党的十九大报告指出："要提高人民思想觉悟、道德水准、文明素养,提高全社会文明程度。"同时强调："深入实施公民道德建设工程,推进社会公德、职业道德、家庭美德、个人品德建设,激励人们向上向善、孝老爱亲,忠于祖国、忠于人民。"在党和国家大力推动高校思想政治教育深化发展的时期,尤其是中国特色社会主义进入新时代对大学生道德素质提出更高要求的时代背景下,中华优秀传统文化融入高校思想政治教育研究,有助于提升高校思想政治教育的实效性,符合时代发展的需要。从政策层面看,2001 年 9 月 20 日,中共中央印发《公民道德建设实施纲要》,标志着公民道德建设已然落实到国家制度层面。

十八大报告明确提出要"丰富人民的精神文化生活……建设优秀传统文化传承体系,弘扬中华优秀传统文化"。这充分说明,党和国家已经意识到中华优秀传统文化在公民道德教育中的价值,呼吁社会积极实现其价值,促进大学生道德素养的提升和社会良好道德风尚的形成。2017 年 1 月,中共中央办公厅、国务院办公厅印发了《关于实施中华优秀传统文化传承发展工程的意见》(以下简称《意见》),并发出通知,要求各地区各部门结合实际认真贯彻落实。《意见》肯定了传统文化在公民道德教育中的作用,指出："中华优秀传统文化蕴含着丰富的道德理念和规范,如天下兴亡、匹夫有责的担当意识,精忠报国、振兴中华的爱国情怀,崇德向善、见贤思齐的社会风尚,孝悌忠信、礼义廉耻的荣辱观念,体现着评判是非曲直的价值标准,潜移默化地影响着中国人的行为方式。传承发展中华优秀传统文化,就要大力弘扬自强不息、敬业乐群、扶危济困、见义勇为、孝老爱亲等中华传统美德。"2019 年 10月,中共中央、国务院印发了《新时代公民道德建设实施纲要》,强调:"中华传统美德是中华文化精髓,是道德建设的不竭源泉。要以礼敬自豪的态度对待中华优秀传统文化,充分发掘文化经典、历史遗存、文物古迹承载的丰厚道德资源,弘扬古圣先贤、民族英雄、志士仁人的嘉言懿行,让中华文化基因更好植根于人们的思想意识和道德观念。"

中华优秀传统文化融入高校思想政治教育研究,有助于充分挖掘、认真吸收、学习借鉴中华优秀传统文化中的有益资源,优化高校思想政治教育的内容、方法、形式,提升高校思想政治教育的实效性,同时也能够推动中华优秀传统文化的传承与弘扬。从高校思想政治教育的对象看,改革开放以来,随着社会经济的发展,人们物质生活水平得到了极大提升。而大学生群体作为国家建设的主力军,由于校园教育中德育的引导不够,导致精神领域的空虚和道德观的滑坡。加之国际交流日益频繁,外来文化借助现代化科技手段迅速传播,这些都对中国大学生的传统道德观造成巨大冲击。近年来诸如复旦大学的林森浩投毒杀人,西安音乐学院的药家鑫驾车撞人后故意杀人,清华大学的刘海洋用硫酸泼熊,待业大学生为骗取保险毒杀亲生父母,武汉大学樱花树遭到赏樱大学生破坏等事件,反映出我国大学生在现代社会生活中存在着道德冷漠、道德失范等问题。部分大学生的道德自觉明显不足,不能积极主动地践行大学生道德规范,从一定程度上说明大学生道德教育的效果尚未充分发挥,高校思想政治教育的实效性有待提升。中华优秀传统文化在大学生道德教育中的价值研究,有助于我们吸收借鉴中华优秀传统文化中有益于高校思想政治教育的理念、内容、方法,加强中华优秀传统文化高校思想政治教育载体的应用,充分发挥中华优秀传统文化的育人、化人功能,使高校思想政治教育能够得到优化升级,推动高校思想政治教育的发展,重塑中华民族的道德信仰,促进大学生良好道德品行的养成。

二、研究意义

高校思想政治教育是思想道德教育的重要组成部分,是大学生道德素养提升的重要途径,是我国大学生道德建设的基础性工程。中华优秀传统文化,在艰难而辉煌的发展历程中,薪火相传、历久弥新,是中华儿女的精神支撑和心灵慰藉,是繁荣发展社会主义文艺、提升国家文化软实力的重要源泉。研究中华优秀传统文化在大学生道德教育中的价值,一方面能通过高校思想政治教育效果的提升,使大学生养成良好的道德品行,减少道德冷漠、道德失范的现象,形成良好的道德风尚,为实现中华民族伟大复兴的中国梦提供强大的精神力量和有力的道德支撑。另一方面,能够激发中华优秀传统文化的生机与活力,促进中华优秀传统文化的创造性转化和创新性发展,推动中华优秀传统文化的传承与弘扬,有效提升国家文化软实力,为坚定文化自信奠定理论基础。因此,中华优秀传统文化融入高校思想政治教育研究,囊括了中华优秀传统文化与大学生道德教育两方面的内容,能够实现中华优秀传统文化与高校思想政治教育的协同发展,研究这一课题无疑具有重要的理论意义与现实意义。

1.理论意义

第一,中华优秀传统文化融入高校思想政治教育研究是对道德教育理论的丰富和发展。高校思想政治教育是道德教育理论在大学生社会领域的重要实践,进行中华优秀传统文化融入高校思想政治教育研究,必然需要系统梳理、详尽阐述国内外知名专家学者的关于运用本国、本民族的优秀传统文化进行道德教育的相关理论。此外,中华优秀传统文化在高校思想政治教育中价值实现的过程,其实质是高校思想政治教育应用中华优秀传统文化中的理念、内容、方法等优化升级、提升自身实效性的过程。因此,中华优秀传统文化在大学生道德教育中价值的研究,必然能够丰富和发展道德教育的相关理论,为高校思想政治教育的深化和发展奠定理论基础。

第二,中华优秀传统文化融入高校思想政治教育研究是对思想政治教育相关理论的丰富和发展。思想政治教育的内容包含世界观教育、政治观教育、人生观教育、法制观教育和道德观教育,其中道德观教育是思想政治教育的重要组成部分。

道德观教育主要包括社会主义道德教育、大学生基本道德教育、社会公德教育和家庭美德教育等。因此,高校思想政治教育是思想政治教育的重要组成部分,是加强大学生思想道德建设的主要渠道之一。

本书从中华优秀传统文化在高校思想政治教育中价值实现的角度,探索加强高校思想政治教育的路径,涵盖了运用中华优秀传统文化中蕴含的大学生道德教育的理念、内容、方法去提升高校思想政治教育效果方面的内容,在一定程度上能够丰富思想政治教育的相关理论。

2.现实意义

第一,有利于推进社会主义文化的繁荣昌盛。中华优秀传统文化融入高校思想政治教育研究,能够帮助家庭、学校、社会发掘中华优秀传统文化中可以促进高校思想政治教育发展的有益资源,充分发挥文化的育人、化人功能,有益于国人了解传统文化的价值,坚定文化自信,深化中华优秀传统文化理论研究,开发中华优秀传统文化相关产品,保护中华优秀传统文化资源,加强中华优秀传统文化的正向宣传,形成中华优秀传统文化的育人氛围,促进中华优秀传统文化的传承,推动中华优秀传统文化的创造性转化、创新性发展,进而激发社会主义文化的发展动力,丰富繁荣社会主义文化,促进中华文化的永续发展,更好地构筑中国精神、中国价值、中国力量。

第二,有利于促进高校思想政治教育实效性的提升。中华人民共和国成立以来,党和国家密切关注高校思想政治教育,特别是 2001 年,党中央颁布《公民道德建设实施纲要》后,高校思想政治教育不断发展、完善和创新,已经形成了较为成熟的理论架构和育人体系。然而,随着社会的不断发展,国际交流与合作的日益深入,西方的实用主义、享乐主义价值观不断涌入,加之部分社会媒体受到利益驱使,传播消极的道德观念,给高校思想政治教育带来新的挑战。面对日益复杂的社会环境,高校思想政治教育工作仅仅依靠课堂上道德规范的讲授是远远不够的,尤其是社会生活中道德冷漠、道德失范事件时有发生,更会使受教育者对高校思想政治教育的内容产生抵触情绪,无法形成道德自觉,甚至产生道德认识与道德实践相脱节的现象,高校道德教育的成果并不明显。中华优秀传统文化中蕴含着大学生道德教育的理念、内容、方法,认真探索中华优秀传统文化融入高校思想政治教育,将中华优秀传统文化中蕴含的思想政治教育资源融入家庭、学校、社会的思想政治教育过程中,通过古代诗歌、古典乐舞、古代节庆民俗等丰富多样的形式,促进受教育者知、情、意、行的统一,培育中华优秀传统文化的育人氛围,发挥传统文化的育人、化人作用,使道德教育由"灌输式"教育向"互动式"教育及"渗透式"教育转变,变被动接受教育为主动接受教育。中华优秀传统文化能够通过净化心灵的方式培养人类的高尚道德情操,将其有效地融入高校思想政治教育中,有助于提升高校思想政治教育效果。

第三,有利于提高大学生的综合素质。良好的道德品行能够协调人际关系,使个体更好地融入社会,而较高的传统文化素养能够使个体在工作和生活中更好地表达自己的观点,陶冶情操、怡情养性,促进个体身心健康。在全面推进社会主义现代化建设的新形势下,大学生想要更好地适应社会、融入社会,顺利实现自己的人生价值,不仅应具备基本的专业知识、专业技能,同时需要具备较高的道德修养和文化素养,不断提升自身的综合素质。中华优秀传统文化融入高校思想政治教育研究,能够促进教育者将中华优秀传统文化的相关内容纳入高校思想政治教育中,不仅有助于提升高校思想政治教育的效果,提升大学生的道德修养,同时可以在潜移默化中使受教育者对中华优秀传统文化有更深入的了解,提升受教育者的中华优秀传统文化素养,促进大学生各方面素质的全面协调发展。

第二节 国内外研究综述

一、国外研究综述

国外大学教育起步较早,许多国家已经形成完整且行之有效的理论和制度体系。虽然国外以"高校思想政治教育"为主题的研究和实践并不多见,但很多关于大学生教育的研究中都蕴含着高校思想政治教育方面的内容,加之国外专家学者重视通过本国、本民族的文化对大学生进行道德教育,且某些国家和地区已经在道德教育实践中取得了一定的成绩。鉴于此,国外学者的相关理论可以为中华优秀传统文化在大学生道德教育中价值的研究提供经验借鉴。

关于中华优秀传统文化在国外高校思想政治教育中的价值研究,Kuo 和 Eddie C.Y. 在 *Confucianism as Political Discourse in Singapore：The Case of an Incomplete Revitalization Movement* 一书中,阐述了新加坡将儒家文化作为一种政治话语应用于新加坡复兴运动中的举措在国家意识形态的塑造和大学生国家认同感的培育上起到的至关重要的作用。[①] 新加坡学者王永炳在《新加坡共同价值观的儒家思想诠释》一文中,认为新加坡共同价值观(国家至上、社会为先,家庭为根、社会为本,关怀扶持、尊重个人,求同存异、协商共识,种族和谐、宗教宽容)的内容取材于中国的儒家思想,体现儒家"以人为本""群体价值"的道德价值取向,而新加坡共同价值观的提出使新加坡人面对危机时表现出共赴时难的精神,促进新加坡人团结一心、积极向上。[②] 赵骏河在《东方伦理道德》一书中,提出由于外国商品及文化大量涌入韩国,使许多韩国人丧失了传统的信念,而儒学作为韩国从中国移植过来的古老思想文化,在与韩国本土文化相结合并发展之后,呈现出重视群体和谐、倡导孝道与礼仪的特征,能够促进民族精神的培养,为韩国培育更多的

---

① KUO,C.Y.EDDIE. Confucianism as political discourse in Singapore：the case of an incomplete revitalization movement[M]. Department of Sociology,1992.

② 王永炳.新加坡共同价值观的儒家思想诠释[M]//张晓华.东方道德研究.第 8 辑.北京:中华工商联合出版社,2004:344-355.

高素质人才,因而倡导开展儒家传统伦理道德教育。① 综上所述,韩国、新加坡等国在实践过程中吸收和借鉴中华优秀传统文化,并结合本国实际情况进行创造性转化后,能够把中华优秀传统文化应用于高校思想政治教育中,促进国民道德素养的提升。但是,国外学者对于中华优秀传统文化的借鉴和吸收大多局限于观念文化层面,甚至仅就儒家思想文化进行研究,忽视了儒家外的诸子百家思想文化,以及中华优秀传统文化中恢宏灿烂的器物文化、独具特色的制度文化等,致使其对传统文化在高校思想政治教育中价值的认识和研究不够全面和深入。

二、国内研究综述

高校思想政治教育研究既属于思想政治教育的重要研究范畴之一,同时也是大学生教育的重要组成部分。从国内已有的研究成果看,高校思想政治教育的相关研究在很长一段时间内较少受到关注,直到 2001 年党中央颁布《公民道德建设实施纲要》后,高校思想政治教育受到学界的广泛关注,相关研究成果不断涌现。因此,我国高校思想政治教育领域的研究起步较早,但发展较为缓慢。中华优秀传统文化融入高校思想政治教育研究是高校思想政治教育领域的一个分支,涉及"中华优秀传统文化"与"高校思想政治教育"两个方面的

---

① 赵骏河.东方伦理道德[M].长春:吉林人民出版社,2004.

内容,进行相关研究需要同时掌握中华优秀传统文化领域和高校思想政治教育领域的基础知识。长久以来,中华传统文化领域的专家致力于传统文化的内容、特征,以及传承与弘扬传统文化等方面的研究,而道德教育领域的专家由于缺少传统文化的相关知识,抑或是对传统文化在大学生道德教育中价值的重视程度不足,鲜少专注于此领域的研究。党的十八大以来,以习近平同志为核心的党中央高度重视传承与弘扬中华优秀传统文化,习近平同志在国内外发表一系列关于中华优秀传统文化的重要讲话,其中部分内容阐述了中华优秀传统文化在道德教育方面所呈现的作用。学术界以此为导向,开始关注中华优秀传统文化融入高校思想政治教育的研究,相关的著作和论文也逐渐多了起来。此外,部分高校设有相关研究方向,比如福建师范大学设有“传统道德文化与现代思想道德发展”方向,北京化工大学设有“中华优秀传统文化与当代思想道德建设”方向,华北电力大学、海南大学设有“中华优秀传统文化与思想政治教育”方向的硕士、博士学科点等,这些都有效地促进了中华优秀传统文化融入高校思想政治教育的研究。目前,关于“中华优秀传统文化在高校思想政治教育价值”的专题性研究成果不多,具有代表性的主要有:陈守聪、王珍喜主编的《中国传统文化的价值与现代德育构建》,该书从中国传统人性论、中国和谐传统、中国传统伦理道德、中国“践履习行”传统以及中国古代德育管理和评价体系几方面分别论述了中华传统文化对现代德育指导思想、目标、内容、途径及管理和评价体系的构建,从总体上阐述了中华传统文化在现代道德教育中的价值[1];王晓昕、李友学主编的《传统文化与道德建设》主要从传统文化与民族精神、孝文化、阳明文化等方面为切入点,讨论传统文化中蕴含的当代道德教育内容[2];王飞、杨玲合著的《云南少数民族传统文化与道德教育研究》,该书主要探讨云南少数民族传统文化中的人生礼仪文化、生活文化、宗教信仰文化、节日文化、生态文化、禁忌文化,能够分别从认知、情感、价值、交往、责任、行为方面强化道德教育[3]。此外,传统文化与思想政治教育的专题性研究,还有邓球柏的《中国传统文化与思想政治教育》(首都师范大学出版社,1999)、顾友仁的《中国传统文化与思想政治教育的创新》(安徽大学出版社,2011)、李程的《传统文化精神与大学生思政教育》(光明日报出版社,2013)、徐永春的《中国传统文化与思想政治教育》(光明日报出版社,2016)、王易的《传统文化与思想政治教育创新》(中国人民大学出版社,2018)等,内容涉及中华传统文化在高校思想政治教育中价值的某些方面,在一定程度上推进了中华优秀传统文化与高校思想政治教育的相关研究。目前,探讨"中华优秀传统文化融入高校思想政

---

①　陈守聪,王珍喜.中华传统文化的价值与现代德育构建[M].北京:光明日报出版社,2013.

②　王晓昕,李友学.传统文化与道德建设[M].贵阳:贵州民族出版社,2004.

③　王飞,杨玲.云南少数民族传统文化与道德教育研究[M].昆明:云南大学出版社,2009.

治教育"的论文数量逐年增加,通过对相关文献的系统梳理,目前学术界的研究成果主要集中在以下几方面。

第一,关于中华优秀传统文化与高校思想政治教育关系的研究。石书臣在《中国优秀传统文化与现代德育的内在联系》一文中指出,一方面中国优秀传统文化是现代德育的宝贵资源,另一方面德育也是弘扬优秀传统文化的有效路径。① 叶鑫在《传统文化与德育的内在契合》一文中指出,传统文化与德育在价值目标、精神内核、教育方式和社会理想等方面也具有高度的理论契合,传统文化具有重要的德育价值,而德育是弘扬传统文化的内在依托。② 鲁力在《中国传统文化的伦理取向及其道德教育价值研究》一文中指出,中国传统文化是以伦理道德为中心的文化,有助于提升主体道德认识、陶冶主体道德情感、激励主体道德意志。③ 中华传统文化是我们宝贵的思想资源,也是我们审视教育不可或缺的理论视角,以上研究成果从传统文化的不同维度观照道德教育,系统阐述中华传统文化在道德教育中的价值,为后续的相关研究提供参考。

第二,关于中华优秀传统文化中蕴含的高校思想政治教育内容的相关研究。从宏观层面看,研究人员通过对中华优秀传统文化的内在精神和内容的整体把握,提炼出其中蕴含

---

① 石书臣.中国优秀传统文化与现代德育的内在联系[J].思想理论教育,2012(3):29-34.
② 叶鑫.传统文化与德育的内在契合[J].皖西学院学报,2015(6):34-37.
③ 鲁力.中国传统文化的伦理取向及其道德教育价值研究[J].学术论坛,2016(2):128-132.

的道德教育内容。比如孙熙国在《中国优秀传统文化与当代青年发展》一文中指出,中华优秀传统文化中的仁爱精神、礼乐精神、诚信精神、正义精神能够促进当代青年道德修养的提升,有助于其全面发展。① 李新涛、唐慧荣在《传统文化中的道德素质教育》一文中指出,传统文化中"任重而道远""自强不息""厚德载物"的思想,能够培育高度的责任感、磨砺坚强的个人品格、建立和谐的社会关系。② 从微观层面看,研究人员通过对传统文化中某一学派、某一观点、某一方面的思考,提炼出其中蕴含的高校思想政治教育内容。比如刘鹏在《诗在道德教育中的价值》一文中指出,诗中具有明确的道德教育内容,诗人修养具有强烈的道德指向,诗歌赋、比、兴的修辞手法是独特的道德表达方式,诗歌能够产生"温柔敦厚"的道德教育效果。③ 高伟杰在《儒家君子理想与当代公民素质教育》一文中强调儒家君子理想中恭、敬、温、良、让、宽、信、敏、惠等思想对当代大学生道德素质教育所起到的重要作用。④ 崔景明在《道家伦理智慧价值及在思想政治教育中的运用》一文中指出,道家"无为而治""君无为而臣有为""无意识教育"等理念

①　孙熙国.中国优秀传统文化与当代青年发展[J].学校党建与思想教育,2011(31):13-15.

②　李新涛,唐慧荣.传统文化中的道德素质教育[J].教育理论与实践,2001(5):19-20.

③　刘鹏.诗在道德教育中的价值研究[D].济南:山东师范大学,2012.

④　高伟洁.儒家君子理想与当代公民素质教育[J].郑州大学学报(哲学社会科学版),2008(5):14-17.

能够提升思想政治教育的科学化水平,促进思想政治教育方法的改进。① 学者们对中华优秀传统文化中蕴含的高校思想政治教育内容进行了比较细致的梳理。通过对这些研究成果的仔细审视,笔者认为,宏观层面上的研究缺乏对传统文化精神实质的准确把握和对传统文化精华内容的系统梳理,致使大部分研究只是针对儒、墨、道家的名言警句泛泛而谈,而在实际操作中的可应用性较差;而微观层面上的研究虽然具体深入,但研究方向繁多、缺乏系统性,教育者需要花费大量时间和精力,阅读大量的研究成果并进行系统梳理后,才能将中华优秀传统文化融入高校思想政治教育,这就导致研究缺乏实效性。

第三,关于中华优秀传统文化中蕴含的高校思想政治教育方法的相关研究。马忠、张晓玲在《论中国古代道德教育的基本方法及其现实意义》一文中提出,中国古代道德教育的基本方法包括知识教育法、示范法、自律法、劝诫法、励志法、暗示法、感染法、举例法、养气法等,其主体性要求、整体性特征和生活化趋向对当代道德教育具有重要借鉴意义。② 翟福生在《中华传统道德修养方法》一文中指出,中华民族传统德育修养方法有"致知"穷理、"反省"自律、"存养"励志、"躬行"践

① 崔景明.道家伦理智慧价值及在思想政治教育中的运用[J].思想教育研究,2011(4):57-59.

② 马忠,张晓玲.论中国古代道德教育的基本方法及其现实意义[J].思想政治教育研究,2016(4):96-100.

履等,有利于形成自我约束机制和营造良好的道德氛围,应加以学习和借鉴。① 陈力祥在《乐教在中国传统道德文化现代践行中的意义与作用》一文中指出,乐教能熏陶人的道德情感,主张通过乐教实现人道德水准的提高。② 通过梳理相关研究成果,笔者认为:大多数研究成果对于传统文化中蕴含的教育方法缺少系统梳理,或是仅就某一种方法进行探讨,对于高校思想政治教育整体效果的提升作用不大。加之大部分相关研究仅仅讨论传统文化中蕴含的道德教育方法对于大学生道德教育的促进作用,而缺少对教育方法使用原则和注意事项的说明,容易将大学生道德教育引入歧途。

第四,关于中华优秀传统文化在高校思想政治教育中价值实现路径的相关研究。郭勤艺在《思想政治教育传统文化资源开发研究》一文中指出,传统文化是思想政治教育的文化资源,应以社会主义核心价值体系引领传统文化资源开发,以现代应用技术推进传统文化资源开发的平台搭建,以交流互鉴拓宽传统文化资源开发的视野,以国民教育营造传统文化资源开发的氛围。③ 王双同在《以传统文化开辟公民道德建设新思路》一文中指出,应通过深入挖掘传统文化中爱国主义教育的内容,突出传统文化的德育底蕴,提高教育的精准度,创

---

① 翟福生.中国传统道德修养方法[J].殷都学刊,2007(1):151-154.
② 陈力祥.乐教在中国传统道德文化现代践行中的意义与作用[J].中南大学学报(社会科学版),2012(1):6-10.
③ 郭勤艺.思想政治教育传统文化资源开发研究[D].武汉:武汉大学,2016.

造良好的道德文化氛围,广泛开展道德实践活动等途径,运用传统文化提升大学生道德素质。[①] 沈建华在《传统文化视角下青少年道德教育的活化和链接》一文中指出,应通过加强课程建设,搭建多元平台,创新教育方法,重视师资培养等途径,充分挖掘和应用传统文化中蕴含的道德教育资源。[②] 以上研究成果将影响高校思想政治教育的主客体因素,如教育平台、教育环境、教育者——列举,缺少对于中华传统文化在大学生道德教育中价值实现的原则、要求和载体等方面的研究,故而造成研究成果的整体性、系统性和实效性不强。

第三节 研究思路及方法

一、研究思路

本书围绕"中华优秀传统文化融入高校思想政治教育"这一选题,以基础理论阐释、价值元素分析、价值实现困境及成因、价值实现的路径为基本思路,以马克思主义科学理论与方法为指导,将中华优秀传统文化置于高校思想政治教育中,审视与思考其存在的价值,从中华优秀传统文化与高校思想政

[①] 王双同.以传统文化开辟公民道德建设新思路[J].人民论坛,2016(25):238-239.

[②] 沈建华.传统文化视角下青少年道德教育的活化和链接[J].教育研究,2015(11):25-29.

治教育的基本内涵及二者的内在关联入手,系统梳理了马克思主义经典作家、马克思主义中国化以及国内外知名专家和学者的理论观点,并以此为研究的理论依据和重要资源,系统分析中华优秀传统文化在大学生道德教育中的价值元素,通过理念、内容、方法三个层面阐述中华优秀传统文化在大学生道德教育中所呈现出的有用性,在深入探讨中华优秀传统文化在高校思想政治教育中价值实现的困境及成因的基础上,尝试从教育原则、教育要求、教育载体、教育环境、保障体系、融入机制等方面探索中华优秀传统文化在高校思想政治教育中价值实现的路径,充分发挥中华优秀传统文化在高校思想政治教育中的价值,促进高校思想政治教育的优化。

二、研究方法

研究方法是实现研究目标必不可少的手段,科学有效的研究方法是研究能够顺利进行的关键所在,也是确保研究结果准确、科学的前提。本书在坚持马克思主义立场的基础上,结合多种研究方法,全面、系统地对涉及的各类问题进行深入细致的研究。

本书在研究过程中主要采用以下研究方法。

1.文献研究法

在准备和写作中,围绕中华优秀传统文化与高校思想政治教育两个方面进行文献的检索,同时查阅了中国古代道德教育和中华传统美德中能够为本书提供有益补充的相关内容,通过计算机检索和参考文献查找两种方式,阅读、参考、借鉴大量图书、论文和期刊资料,以便掌握研究现状,查找研究中存在的问题,并以此为基础创新研究成果。

2.系统研究法

系统研究法是指运用整体、动态、层次、协调等进行综合研究和系统分析的方法。理论研究试图构建具有关联性、结构性、层次性和整体性的严密逻辑体系,就必然需要对研究对象进行系统性分析。就本书而言,系统分析中华优秀传统文化融入高校思想政治教育元素,并将高校思想政治教育视作一个完整的系统结构,深入剖析影响中华优秀传统文化价值实现的教育要求、教育载体、教育环境和保障体系等要素,从而更好地实现中华优秀传统文化价值,提升高校思想政治教育的实效性。

3.历史分析法

现实中存在的一切现象和问题,都必然有其历史根源。分析和考察某一事物发展历程,有助于解决与其相关的现实问题。因此,总结传统文化与高校思想政治教育的发展历程,审视其发展趋向,是论证中华优秀传统文化在大学生道德教育中的价值和探索价值实现路径的基础与前提。

4.多学科交叉法

中华优秀传统文化融入高校思想政治教育,是一个涵盖多个学科、涉及多个领域的问题。提炼与整合中华优秀传统文化在高校思想政治教育中的价值,必然要求从哲学、文学、史学、伦理学等多个角度考察其对高校思想政治教育的价值。

本文以马克思主义科学方法为指导,在运用思想政治教育理论与方法的基础上,借鉴相关学科的研究方法,以期全面掌握和探究中华优秀传统文化融入高校思想政治教育,开拓中华优秀传统文化在高校思想政治教育中价值的实现路径,进而提升高校思想政治教育的实效性。

第四节　中华传统文化概述

探讨中华优秀传统文化在高校思想政治教育中的价值,需要先了解中华优秀传统文化和大学生道德教育的含义、特征、作用及发展历程,在此基础上对比、归纳中华优秀传统文化和大学生道德教育的内在契合点,挖掘出中华优秀传统文化助推高校思想政治教育的价值所在以及大学生道德教育推动中华优秀传统文化传承发展的内在动力,从而为发挥中华优秀传统文化在高校思想政治教育中的作用奠定基础。

一、中华传统文化的含义

研究中华传统文化的含义,首先需要了解和掌握文化的含义。然而关于文化的含义,学术界有各种不同的看法。《说文解字》中对"文"的解释为:"文,错画也。象交文。"在此句中,"文"指各色交错的纹理。之后,人类开始用文字记录成书,"文"便开始指代语言文字等各种象征符号。随着社会的不断进步,书籍的种类和数量不断增加,在人类活动制度化的基础上产生了礼乐仪制,根据时代的需要,"文"逐渐指代文物典籍、礼乐仪制。后又引申为能够掌握文物典籍内容和通晓礼乐仪制的才能,并逐步演化为指代有知识、有才干、懂礼节等优秀的品质。"化",最初为改易、生成、造化的意思,如《庄子·逍遥游》中记载:"化而为鸟,其名为鹏。"后逐渐引申为教化、迁善、化育,如《礼记·中庸》的"可以赞天地之化育"中"化"的意思是化育,《说文解字》中对"化"的解释是"化,教行也",这里"化"的意思是教化。

西汉时期,"文"与"化"合为一词。如西汉刘向在《说苑·指武》中说:"凡武之兴,为不服也,文化不改,然后加诛。"在这里"文化"一词与"武功""武力"对举,取其文明、文雅、文治教化之义。南齐王融在《三月三日曲水诗序》中说:"设神理以景俗,敷文化以柔远",在这里"文化"一词与"神理"对举,取其精神教化之义。现代所指"文化"一词,是19世纪日本明治维新时,学者借助汉字翻译西洋术语时将其中的"文化"一词,对应为英文的"culture"一词。"culture"的词根是"cult",来源于拉丁文,意思是居住、耕作。"culture"最初指耕种、养殖、培育等,多指代物质生产。到了16、17世纪,随着西方国家对精神生产的重视,"culture"一词逐渐指代人类精神生产成果,如哲学、艺术等。当代,"文化"一词被广泛运用,研究者根据不同的研究视角阐述"文化"的含义。具体来讲,可以分为三类。

第一类,将"文化"视为人类所创造的一切成果的总和。

《中国大百科全书》对文化的定义是："人类在社会实践过程中所获得的能力和创造的成果……广义的文化总括人类物质生产和精神生产的能力、物质的和精神的全部产品。"①文化指代人类群体的一切特殊成就，尤其是思想观念层面中价值观的变化发展。《现代汉语词典》对文化的定义是："人类在社会历史发展过程中所创造的物质财富和精神财富的总和，特指精神财富，如文学、艺术、教育、科学等。"②

　　第二类，从广义和狭义两个角度定义"文化"。广义的"文化"被定义为人类所创造的一切成果的总和，狭义的"文化"指与经济、政治有区别的意识形态及物质化的成果。《辞海》对文化的定义是："广义指人类在社会实践过程中所获得的物质、精神的生产能力和创造的物质、精神财富的总和。狭义指精神生产能力和精神产品，包括一切社会意识形式：自然科学、技术科学、社会意识形态。"③北京大学的关世杰教授认为，当前中国通常对文化有广义和狭义两种定义，广义的文化指人类创造的一切物质产品和精神产品的总和，狭义的文化专指包括语言及一切意识形态在内的人类社会的精神现象。④

　　①　《中国大百科全书》总编委会.中国大百科全书：第二十三卷[M].2版.北京：中国大百科全书出版社，2009：281-282.
　　②　中国社会科学院语言研究所词典编辑室.现代汉语词典[M].7版.北京：商务印书馆，2016：1371-1372.
　　③　夏征农，陈至立.辞海：彩图本[M].6版.上海：上海辞书出版社，2009：2379.
　　④　关世杰.试论21世纪东亚发展中的文化问题[M]//梁守德，方连庆.1996：国际社会与文化.北京：北京大学出版社，1997：126-143.

有些定义,虽然没有明确提到文化的广义和狭义的区分,但是从释义的分析来看,其所指的就是狭义的文化概念。比如毛泽东提出:"一定的文化是一定社会的政治和经济在观念形态上的反映。"①英国学者泰勒在《原始文化》一书中指出:"文化或文明就其广泛的人种学意义而论,是一个复杂的整体,包括知识、信仰、艺术、道德、法律、风俗及作为社会成员的人所获得的才能和习惯。"②

第三类,将"文化"作为整体进行系统分析。梁漱溟认为:"所谓一家文化不过是一个民族生活的种种方面。总括起来不外三个方面:(一)精神生活方面,如宗教、哲学、科学、艺术等是。宗教、文艺是偏于情感的,哲学、科学是偏于理智的。(二)社会生活方面,我们对于周围的人——家族、朋友、社会、国家、世界——之间的生活方法都属于社会生活一方面,如社会组织、伦理习惯、政治制度及经济关系是。(三)物质生活方面,如饮食,起居种种享用,人类对于自然界求生存的各种是。"③庞朴将文化分为三个层级,认为文化的物质层面是最表层的;而审美趣味、价值观念、道德规范、宗教信仰、思维方式等,属于最深层;介乎二者之间的,是种种制度和理论体系。④张岱年将文化分为三个层次:"第一层是思想、意识、观念,等

① 毛泽东.毛泽东选集:第二卷[M].北京:人民出版社,1991:694.
② 中共中央党校科社教研室.文明和文化:国外百科辞书条目选译[M].北京:求实出版社,1982:56.
③ 李渊庭,阎秉华.梁漱溟年谱[M].北京:商务印书馆,2018:43-44.
④ 庞朴.师道师说:庞朴卷[M].北京:东方出版社,2018:56-57.

等。思想意识中最重要的有两方面：一是价值观念，一是思维方式……第二层是文物。思想意识必须实物化、表现在实际的事物上，哲学家一定要有著作或语录，没有这些，一个哲学家在历史上也就起不了什么作用，著作就是思想的表现。文学家要有自己的作品、诗人要写诗、画家要画画，也就是说，思想观念一定要表现在实物上，这是文化的重要内容，这也就是文物，文物就是表现文化的实物。第三层是制度、风俗，是思想观点凝结而成的条例、规矩等。"①

　　基于上述学者对"文化"含义的研究与探讨，本文将"文化"理解为人类创造的一切物质产品和精神产品的总和，并将思想观念、价值取向、道德规范等视作文化的核心部分。"传统"一词中，"传"本义是驿站、驿舍，古代国家政令等重要信息的传递主要依靠驿站，驿站不停地更换车马才能达到信息传递的目的。后引申为传授、延续、继承、相传等，也就是由一方交给另一方，由上一代交给下一代。"统"本义是蚕茧的头绪，《说文解字注》中记载："众丝皆得其首，是为统。"后引申为纲要、根本、世代相承和事物之间彼此的联系。由此可知，"传统"一词，既代表时间层面上事物彼此之间的延续，也代表空间层面上事物彼此之间的联系。

　　关于"中华传统文化"的含义，刘芳、种剑德、王玉红在《中国传统文化》一书中指出："所谓中华传统文化，是指在长期的

---

　　①　张岱年.张岱年文集：第六卷［M］.刘鄂培，主编.北京：清华大学出版社，1995：405-406.

历史发展过程中形成和发展起来的,保留在中华民族中间具有稳定形态的中同文化,包括思想观念、思维方式、价值取向、道德情操、礼仪制度、风俗习惯、行为方式、生活方式、宗教信仰、文学艺术、教育科技、文物典籍等。它是中华民族团结奋进、继往开来,全面建设小康社会,开创美好明天的基础。"①刘向信、刘志扬、韩书堂在《马克思主义与中国传统文化》一书中指出,中华传统文化是中国文化的主体部分,也是我们的先辈传承下来的丰厚的历史遗产。它不仅记录了中华民族及其文化发生、演化的历史,而且作为世代相传的思维方式、价值观念、行为准则、风俗习惯,渗透在每个中国人的血脉中,制约着今日之中国人的行为方式和思想方式。中华传统文化并不简单地等同于儒家文化,也不是儒家文化、道家文化和佛家文化的简单相加,而是中华民族各种思想文化的总和,包括了各种观念形态和物质形态文化。② 张岂之在《中国传统文化》一书中认为,中华传统文化除了包括思想文化,还包括历史文物、制度文化以及关于文学、史学、医药养生、农学、天文历算、科技等古代书籍。同时也包括民族风俗、习惯和节日,显示出民族文化的特色。③ 综上所述,学术界对"中华传统文化"的定义分析的角度不一,观点也林林总总,但对"中华传统文化"内容

---

① 刘芳,种剑德,王玉红.中国传统文化[M].北京:中国传媒大学出版社,2015:9.

② 刘向信,刘志扬,韩书堂.马克思主义与中国传统文化[M].北京:社会科学文献出版社,2009.

③ 张岂之.中国传统文化[M].3版.北京:高等教育出版社,2010:3.

的分析基本一致,即包含思想文化、器物文化、制度文化、民俗文化等,是中华民族自诞生之日起所创造的能够传承至今的物质文明和精神文明的总和。

目前,关于"中华传统文化"时间节点,学术界的看法难以统一。何静、韩怀仁在《中国传统文化》一书中,认为中华传统文化上起夏、商、周奴隶社会,下至新文化运动前。① 田广林在《中国传统文化概论》一书中,认为中华传统文化是鸦片战争之前中国人创造的"旧文化"②。梁漱溟先生在《中国文化要义》中指出:"以近百年世界大交通,中国所受变于西洋者太大,几近失其故步,故大略划取未受近百年影响变化之固有者目为中国文化,如是而已。"③梁漱溟先生认为,近百年以来中华文化深受西方外来文化影响,已经逐渐失去其固有的特点。梁漱溟先生文中所提到的"近百年"按其写作《中国文化要义》的时间推算,应为19世纪40年代,即1840年前后的第一次鸦片战争时期。笔者认为,第一次鸦片战争爆发之后,中华文化发生了具有转折意义的变化,从以儒家为主导的封建的中华传统文化逐步转变和发展为以马克思主义为主导的社会主义新文化。本文以第一次鸦片战争爆发作为中华传统文化的时间节点,仅把第一次鸦片战争爆发之前产生的,能够传承至今且具有重要影响力的中华文化作为研究对象,系统分析其在

① 何静,韩怀仁.中国传统文化[M].北京:解放军文艺出版社,2002.
② 田广林.中国传统文化概论[M].2版.北京:高等教育出版社,2011.
③ 梁漱溟.中国文化要义[M].2版.上海:上海人民出版社,2011:8.

高校思想政治教育中的价值。

综上所述,本文所提到的"中华传统文化"指的是从中华民族诞生之日起至 1840 年第一次鸦片战争爆发之前,中华儿女所创造的、能够世代相传的、具有民族特征的物质文明和精神文明的总和,包括思想观念、思维方式、价值取向、道德情操、生活方式、礼仪制度、风俗习惯、宗教信仰、文学艺术、教育科技等诸多层面,涉及文学、哲学、医学、农学、天文、数学、历史、地理、礼法、民俗等多个门类,表现为诗、词、歌、赋、曲、小说、神话、杂技、国画、书法、对联、灯谜、射覆、酒令、歇后语、历法、服饰、节日、礼仪、饮食、音乐、舞蹈、建筑、武术、茶道、棋艺等多种形式。中华传统文化是中华民族重和谐、重整体、重直觉、重关系、重实用的思维方式,重义轻利的价值取向,中庸保守的性格特征以及讲礼节、讲规矩的处事方式形成的基础。

二、中华传统文化的特征

中国位于亚洲大陆东部、太平洋西岸,东部及东南面向海洋,其余方位被高山峻岭、河流沙漠等自然屏障阻隔,形成了一种半封闭的状态。这片土地地势西高东低,山地高原面积广大,河流湖泊广泛分布,土地肥沃、物种繁多、资源丰富。正是由于中国独特的地理环境和气候条件,促进社会形成了自给自足的农耕经济,确立了以血缘关系为纽带的宗法制与封建君主专制相结合的社会伦理关系体系,以此为基础形成的中华传统文化具有以下特征。

第一，中华传统文化提倡经世致用，具有务实性的特征。中华传统文化的经济基础是在中国几千年来一直稳定发展，没有中断过的农业生产。农民，作为中国的主要劳动人口，几千年来一直过着日出而作、日落而息的生活，他们追求安土乐居、稳定长久，年复一年、世世代代地从事农业生产活动。因此，中国人很早就懂得"一分耕耘，一分收获"的道理，形成了务实的作风，倡导吃苦耐劳、身体力行，反对矫揉造作、奢靡浮夸、形式主义。长期处在农业社会中的人们容易满足于维持简单再生产，也形成了中国人追求稳定、持续、长久，抵触创新和改变的特征。在中华传统文化中居于主导地位的儒家思想，积极主张"入世"的观念，倡导"学而优则仕"，同时重视发展天文、数学、医学、农学、兵学这类实用性较强的学科，体现了务实性的特征。

第二，中华传统文化强调群体利益高于个人，具有整体性的特征。宗法制度是中国古代社会处理个体与个体、个体与群体、群体与群体之间关系的基本原则。一方面，宗法制度施行的是嫡长子继承制，其实质是保证家族及其财产为直系血统所继承，维护家族的利益。因此，中华传统文化的内容体现着群体价值高于个人的特点，强调社会、社群对个人的优先性和重要性。这种价值取向，过度强调社会对个人的重要性，使个人无条件地服从家族和国家的利益，表现出个人服从整体的特征，导致人的个性和创造力受到压制，独立意识受到损害，在一定程度上阻碍了诸如哲学、科学等学科的发展。另一方面,宗法制度以家庭为中心,按照亲疏远近的次序来区分人与人之间的关系,致使中国人重视事物之间关系的研究。如中华传统文化中的阴阳五行学说阐述自然要素金、木、水、火、土之间的关系,三纲五常论阐述君臣、父子、兄弟、夫妇、朋友之间的人伦关系,二十四节气阐述的是时令和农事的关系等,体现中国人对于事物之间及事物内部各要素之间关系的研究和思考,表现出整体性特征。

第三,中华传统文化重视人与自然、人与人的和谐关系,具有和谐统一的特征。中华传统文化植根于农耕文明,重视人与自然的和谐统一,进而发展到人与社会之间的和谐统一以及人自身的身心和谐等。在人与自然关系方面,儒家肯定人道应遵循天道,追求天人和谐。道家主张"道法自然",希望人类都能够遵循自然规律,达到天人合一,进而使整个社会、整个宇宙运行自然,达到人类所追求的理想状态,反对以人力干预自然。同时,古人非常重视对自然资源的保护,以及对自然资源的合理开发利用,比如主张不用孔密的网捕鱼,砍伐林木要适度等。在人与社会关系层面,孔子提出"礼之用,和为贵",孟子提出"天时不如地利,地利不如人和",墨子也曾提出"非攻""尚同"的观点。"崇尚和谐"逐渐演变成中华民族处理人际关系、民族关系、国家关系的基本价值取向。中华民族主张互敬互爱、以和为贵,提倡和谐共处、协和万邦,重视睦邻友好、互利互惠。从个体的角度来说,作为中华传统文化主流的儒家文化,崇尚"中庸之道",即无论客观条件发生怎样的变化,自身能够不被情绪牵引和左右,内心始终保持平静、安宁、祥和的状态,是一种保持身心和谐、理性和情感统一的方法,体现出追求身心和谐的特点,后逐渐演变为不偏不倚、无过无不及的平衡协调之道。

第四,中华传统文化注重人文教化,具有崇尚道德的特征。中华传统文化有重伦理、尚道德的特点,特别重视以礼乐为核心的道德修养,这也是由于宗法制度重视家庭伦理关系而逐步形成的特点。儒家思想包含道德修身的途径、方法、内容等。《大学》是儒家经典的精髓,它系统提出了"三纲领""八条目",在"八条目"中"修身"是核心内容。中国古代强调"文以载道",因此大部分古代文献能够针砭时弊,反映当时的社会现实,其中有些古代文献还具有一定的道德教化作用。如《诗经》作为最早的一部诗歌总集,最初的作用就是使人们掌握正确的道德是非判断方法和情感表达方式。同时,古代还注重发挥音乐、绘画、书法等艺术门类陶冶情操、提升个人修养的作用。我国早期的音乐理论专著《礼记·乐记》指出"乐者,通伦理者也",认为音乐能够感化人。司马迁在《史记·乐书》中具体说明了五音对于道德教化的作用,指出"闻宫音,使人温舒而广大;闻商音,使人方正而好义;闻角音,使人恻隐而爱人;闻徵音,使人乐善而好施;闻羽音,使人整齐而好礼",体现了中华传统文化重视人文教化、崇尚道德的特征。

三、中华传统文化的作用

第一，促进社会的稳定发展。中华传统文化是在农业生产基础上形成和发展起来的，具有较强的稳定性。在漫长的封建社会中，虽然不同朝代政权更迭，但由于农业生产的经济基础，加之宗法制度对社会的影响，使得以儒家思想为主导的文化传统与政治结构并没有发生根本变化。中华传统文化倡导"以和为贵"，注重维护社会、家庭的和谐稳定，甚至主张无条件地牺牲个人的权利、自由、幸福来为家庭、国家做贡献，致使中华民族人民热爱和平、避免冲突，甚至为追求社会关系的稳定而牺牲个人。这在客观上维护了封建社会的统治秩序，促进了社会的稳定和发展。然而，农业经济的自给自足和宗法制度家国同构的特点，必然导致中华传统文化有一定的保守性，这在某种程度上又会压抑人的创造力和想象力，抑制经济发展的活力，延缓社会迈向现代化的步伐。

第二，促进民族精神的形成。民族精神是指一个民族所共同具有的、稳定的心理素质和精神品质，是一个民族所具有的精神风貌。我国在长期的历史发展进程中，形成了团结统一、爱好和平、勤劳勇敢、自强不息、厚德载物的民族精神。民族精神孕育于一个民族的优秀传统文化之中。中华优秀传统文化中各家学派的思想，通过语言、文字以及各种具体的文化活动，渗透到国人生活的方方面面。中华优秀传统文化中那些与维护民族生存、发展和推动社会进步密切相关的思想观念塑造了中华民族的民族精神，充分展示了中华民族的性格、气节和气魄。中华优秀传统文化所孕育的民族精神可以凝聚社会各领域的力量，激发各民族人民的归属意识、认同意识和进取意识，增强中华民族的凝聚力。

第三，促进世界文化的多元化。中华优秀传统文化历史悠久，植根于农业经济、产生于宗法制度影响下的封建社会，与西方植根于游牧生活、海上贸易，产生于工业革命影响下的资本主义制度的文化有着明显区别。中华优秀传统文化中蕴含的思想观点，如宇宙发展的不确定性、"执两用中"的做事方式、五行"相生相克"等思想观念，与西方文化倡导理性和结构的思维方式，对个人权利、自由意志的强调形成鲜明对比。中华优秀传统文化作为世界文化的一部分，极大地促进了世界文化的繁荣，使世界文化朝多元化的方向发展。

四、中华传统文化的发展历程

中华传统文化历史悠久，按照其形成和发展的时间与阶段，可以大体分为七个阶段，即孕育期、萌生期、雏形期、稳固期、繁荣期、发展期、总结期。

第一阶段：中华传统文化的孕育期——原始社会时期。中国境内最早的人类活动始于距今约 170 万年的云南元谋人。由于中国境内人口分布呈多元化状态，所以中华文化最初也呈现出广泛分布、丰富多彩的特点。在旧石器时代，人们开始适应自然、探索自然，并逐步生存繁衍、发展壮大。距今约 50

万年的北京猿人不但已能普遍用火，而且已经掌握了保存火种的方法。在新石器时代，人类学会打磨、切割、雕刻等技艺，制造出石器、木器、骨器。同时将各类生产工具、生活用品美化，在器具上雕刻出精美的图案，创造出许多玉器、陶器、绘画和雕塑。远古时代的人们凭借自己对自然的敬畏和感激，发挥自身的想象力，把自然形象化、人格化，进而形成了对自然的崇拜。中国的远古先民先后实行过女阴崇拜和男根崇拜，由此发展出对女性和男性祖先的崇拜。祖先崇拜发展到一定程度，就演变为图腾崇拜。

第二阶段：中华传统文化的萌生期——夏、商、周时期。商朝是迄今我国最早有文字记载的朝代。凭借商代的文字，我们能对这一时期的文化有更深刻的了解。殷商时期的文化具有浓厚的原始宗教色彩，《礼记·表记》记载："殷人尊神，率民以事神。"周代的统治者在继承殷商时期敬神传统的同时，更加注重人主观能动性的发挥，尤其重视道德的力量。随着生产力发展，人们认识水平的提高，宗教的鬼神观念逐渐淡化，人们开始关注自身的力量。周代由此形成了一套系统的礼乐制度，用来规范人们的行为，被此后各朝代的统治者推崇，对中华传统文化产生了深刻的影响。大约在西周时期，人们根据殷商至周初的占卜经验，总结归纳形成了《易经》。这一时期，五行学说逐步发展起来，金、木、水、火、土被认为是万物的起源，同时古人认为这五种要素之间是相互制约、相生相克的关系，此观点蕴含着朴素的唯物论和辩证法思想。

第三阶段：中华传统文化的雏形期——春秋战国时期。铁器的使用和牛耕的推广大大提高了生产力。这一时期，奴隶主开荒拓土，社会上出现了大量的"私田"。随着"私田"的交换和买卖，诸侯的势力日益壮大，周王朝失去了对诸侯的控制力，出现各大诸侯争夺霸权的局面。诸侯国内卿大夫专权跋扈，矛盾重重，致使社会动荡不安，战争不断。这种社会局面促使知识分子探索治国之路，这一时期各种思想产生、交流、碰撞，呈现出百家争鸣的局面，中华传统文化中的核心思想初步形成。西汉的刘歆在《七略》中将诸子百家归为儒、墨、道、名、法、阴阳、农、纵横、杂、小说十家。其中以儒、墨、道、法四家对后世的文化影响最大。

第四阶段：中华传统文化的稳固期——秦汉时期。秦汉时期是封建专制主义中央集权建立和稳固的时期，同时也是中国历史上第一个大统一时期，国家统一可以促进文化的交流、繁荣，初步确立了我国文化多元一体的格局。秦朝为了巩固中央集权，实行法律、货币、度量衡、车轨、文字的统一。秦始皇下令修建了万里长城和兵马俑，成为我国文化的象征性标志。同时，秦朝注重思想的统一，秦始皇实行焚书坑儒的政策，下令焚烧除《秦记》以外的列国史记，禁止私藏书籍，禁止私学，并对私下议论朝政、诽谤皇帝的四百多名儒生进行坑杀。由于焚烧了大量的典籍，焚书坑儒给中华传统文化的传承和发展带来了无法弥补的损失，同时也限制了思想的自由，使秦朝文化缺少生机和活力。

汉朝初年,为恢复生产、稳固统治,道家"无为而治"的思想成为主流思想。随着汉朝的发展,道家"无为而治"思想的弊端开始出现,逐步强大的诸侯王势力对皇权构成威胁,北方边境的匈奴迅速崛起,成为汉朝的心腹大患。为解决这些问题,汉武帝采纳董仲舒的建议,"独尊儒术",儒学开始受到重视。汉武帝对儒家的推崇,使儒家思想逐渐成为中华传统文化的主流思想,统治地位长达两千年之久。此外,东汉明帝时,佛教通过丝绸之路开始传入中国,逐渐与中华文化融合,对文化的发展产生深远影响。

第五阶段:中华传统文化的繁荣期——魏晋南北朝至隋唐时期。魏晋南北朝时期,中国呈现出分裂割据的局面,当时政治黑暗、社会混乱,士大夫开始逃避现实,将关注点从政治转向人生,探求自身存在的价值,出现了崇尚老庄思想的"玄学",打破了汉朝儒学长期处于统治地位的局面。当时的士人表现出独立自尊、率真任情、贵生适性、重文尚艺的气质风貌,被称为"魏晋风骨"。魏晋南北朝时期,以玄学为主导,各民族文化交流增多,加之佛教的传入、道教的兴起及波斯、希腊文化的羼入,这一时期诸多思潮出现互相融合、发展的迹象,呈现出生动活泼、洒脱俊逸的特点,魏晋南北朝也被称为我国历史上第二次"百家争鸣"时期。

隋唐时期,中国结束了四分五裂的局面,形成了统一的多民族封建国家。兼容并蓄的文化政策使各民族之间交流日益密切,中外文化交流日益扩大。当时中国与印度、日本及南海各国的联系大大加强,在经济上互通有无,发展贸易,在文化上相互影响,共同促进。唐朝的首都长安成为当时国际经济文化交流的中心,隋唐时期的文化呈现出空前繁荣的局面。佛教受到中华传统文化的影响,呈现出本土化的特征,并得到空前的发展,产生了法相宗、华严宗等宗派,出现了玄奘、慧能等高僧。唐朝的诗歌创作是中国古典诗歌的高峰,出现了王维、李白、杜甫、白居易为代表的一大批诗人,他们的诗歌或是恣意盎然,展示内心波涛汹涌的情感,或是针砭时弊反映底层人民的生活,呈现出奔放飘逸、清丽婉约、奇伟瑰丽、沉郁顿挫等多种风格。同时,以张旭、怀素为代表的草书艺术,以颜真卿、柳公权为代表的楷书艺术,以吴道子和阎立本为代表的绘画艺术,以敦煌莫高窟为代表的壁画,都体现出这一时期艺术发展所取得的辉煌成就。

第六阶段:中华传统文化的发展期——宋元时期。安史之乱后,唐朝日益衰颓,经历五代十国的分裂之后,宋朝的建立使政权统一,文化得以继续发展。宋朝时,君主集权专制下的官僚政治发展到新的高度,催生了以地主、商人、官僚、乡绅、知识分子为代表的官僚士大夫阶层,他们通过读书、收藏、弹琴、绘画、书法、品茗、园林、鉴赏等活动,引领了当时的文化风尚,形成宋代的"雅"文化。与之相对应,在勾栏瓦舍中形成的市民文化,有着旺盛的生命力,主要包括"说话"艺术、百戏表演、杂剧与南戏,被称作"俗"文化。元朝统治者开疆拓土,使中国版图不断扩大,西部、北部呈现出半开放状态,与阿拉伯及欧洲各国交往频繁,促进文化的融合。

在思想文化方面,宋代儒学从经世致用之学转变为道德性命之学,产生了"理学"。理学以儒家学说为核心,兼容佛、道两家的哲学理论。至元朝,程朱理学成为官方哲学,并一直绵延发展至清代中叶。程朱理学在宋代影响最大,朱熹继承和发展了程颢、程颐的学说,创造了以"理"为本的宇宙观,将三纲五常、忠孝节义等封建政治伦理道德说成是至高无上的天理。朱熹认为人有"天命之性"与"气质之性",提出"正心""诚意""格物""致知""修身""齐家""治国""平天下"的修养理念,主张存天理、灭人欲,以此巩固封建社会的等级秩序和尊卑贵贱的伦理秩序,但理学作为官方学说束缚了多种思想发展的可能性。这一时期的文学与科技均取得了很高的成就。宋代是词发展的黄金时期,宋词分为婉约派和豪放派,婉约派代表词人有柳永、李清照、秦观等,豪放派代表词人有苏轼、辛弃疾等。元曲的代表作家有关汉卿、马致远、王实甫,代表作品有《窦娥冤》《西厢记》等。北宋时期,毕昇发明了活字印刷术,大大促进了文化的交流、传播和发展。北宋时期还发明出便携指南针,已经能够应用于航海。这一时期,火药广泛应用于军事,南宋时就出现了突火枪,元代则出现了火铳和火炮。北宋科学家沈括著有《梦溪笔谈》,创制了"十二气历",元朝天文学家郭守敬编制了《授时历》,这些都反映了天文历法的突出成就。

第七阶段:中华传统文化的总结期——明清时期。明代中期以后,手工业和商业繁盛,商品流通扩大,商品经济继续发展,资本主义萌芽出现。清乾隆末年,中国经济总量占世界第一位,史称"康乾盛世"。随着市民经济的发展,市民阶层进一步扩大,促进了市民文化的发展。小说从宋元话本发展而来,是明清文学的主要表现形式。话本是说书人的底本,在说书人口头创作过程中,不断增加生动的故事情节,加工后的底本独立流传成为小说。明清小说的代表作有《三国演义》《水浒传》《西游记》《红楼梦》《聊斋志异》《儒林外史》等。明代戏曲则发源于宋元民间流行的南戏,代表作有《牡丹亭》《长生殿》等。明代至清代中期,文化呈现出总结发展的态势,各学科门类总结性著作大量涌现。如《永乐大典》汇集了古今图书七八千种,《天工开物》是对中国封建时代农业手工业生产技术的总结,《农政全书》是对传统农学的总结,《本草纲目》是对传统中药学的总结,《康熙字典》是收录汉字最多的古代字典,《工程做法则例》是对中国传统木结构建筑技术的总结等。明清统治者为了反对西方势力的渗透、抵制外来商品,均施行了不同程度的"海禁"政策,同时加强中央集权,推行文化专制政策,禁锢人们的思想,严重制约着文化的交流和进步。明清统治者大力推行文字狱,使知识分子大多转向研究考据学。在这种形势下,启蒙思想逐渐兴起,以黄宗羲、顾炎武、王夫之、颜元、戴震为代表的思想家,对封建君主制度进行了反思和猛烈的抨击。清朝末年,政治腐败、社会黑暗,生产发展缓慢,农民起义不断,清政府统治陷入危机,文化的发展也呈现出衰落的趋势。

第五节 高校思想政治教育概述

一、高校思想政治教育的含义

探究高校思想政治教育的内涵,首先需要了解"公民"的基本内涵。公民是一个历史性概念,在不同时代、不同国家、不同领域中对其内涵的理解也是不一样的。公民的概念最早起源于西方,历经古希腊古罗马、中世纪与近代三个时期的发展,其含义不断丰富。公民身份所享受的权利在推进民主社会的进程中、在不断的斗争中逐步深化。而此时的中国社会,正在经历漫长的封建君主专制统治,君主拥有绝对的权力,是天下财富、土地和人民的最高所有者和主宰者,民众要无条件地臣服于君主,他们没有权力只有义务,被排斥在政治生活之外,在宗法制度下没有"公民"这一概念。在近代,随着中西方文化不断交流碰撞,"公民"的概念从西方传入中国。中华人民共和国成立后,1982年颁布的《宪法》中第三十三条对"公民"一词做出明确规定:"凡具有中华人民共和国国籍的人都是中华人民共和国公民。"关于"公民"的含义,《辞海》定义为:"具有一国国籍的人。包括未成年人和被剥夺了政治权利的人等在内。"①路琴在《公民道德教育与社会价值观构建研

---

① 夏征农,陈至立.辞海:彩图本[M].6版.上海:上海辞书出版社,2009:720.

究》一书中认为,公民是具有自我意识的个体存在,是权利和义务的统一体。公民概念强调个体的主体意识,表现在维护、争取自身的自由和权利的强烈意识,以及对社会中每个个体的自由和权利的关注、尊重和维护上,它内在地包含了对民主、公正、自由、秩序、共享和公共利益等一系列价值命题的认可和对民主法治、自由平等、公民正义等基本理念的追求。① 秦树理在《公民道德导论》一书中指出,现代公民首先必须清楚地知道自己应有的基本权利与应尽的义务,并以社会正义为原则,关心并热心参与公共事务,建设社会、服务社会;其次,要认真遵守国家的法律法规;第三,要积极行使公民的政治权利;第四,要完满履行公民的法定义务和责任。② 中共中央、国务院在 2019 年 10 月印发的《新时代公民道德建设实施纲要》里着重指出:"学校是公民道德建设的重要阵地。要全面贯彻党的教育方针,坚持社会主义办学方向,坚持育人为本、德育为先,把思想品德作为学生核心素养、纳入学业质量标准,构建德智体美劳全面培养的教育体系。"大学生的社会角色首先是公民,成为一名合格的公民是国家和社会对大学生最基本的要求,也是高校思想政治教育的根本目标。随着时代发展和社会全面转型,高校对大学生的思想塑造和德行培养主要依赖于思想政治教育。因此,新时代高校思想政治

---

① 路琴.公民道德教育与社会价值观构建研究[M].长春:吉林人民出版社,2011.

② 秦树理.公民道德导论[M].郑州:郑州大学出版社,2008.

工作必须要践行德育为先,切实把德才兼备、全面发展作为评价人才的重要标准。综上所述,笔者认为,公民这一概念的核心就是权利和义务的统一,同时公民这一概念也包含着对公平、正义、平等、自由、秩序、责任以及对公共利益的追求。笔者梳理相关文章,发现关于高校思想政治教育,目前学界没有专门的定义,但学界关于公民道德教育的定义大体分为两类,一类是强调公民道德教育应以公民权利的教育为重点,其核心任务在于培育公民意识。如余维武在《公民教育与公民道德教育——对当前我国公民教育与公民道德教育的一种解读》一文中指出,《公民道德建设实施纲要》所规定的公民道德内容,"包括了公民德行的前面三种,即一般德行、社会德行与职业德行,而唯独缺少了第四种德行,即政治德行,而这种政治德行,恰好是作为一个现代民主社会的公民所应该具有的最为关键的德行,因为缺少了这种德行,公民就不能很好地履行其对国家的责任,就不能很好地履行其参政议政、监督政府或政府官员的权利——在这里,权利与义务又得到了辩证地统一"①。曹辉在《公民道德教育的三个基本理念》一文中提出:"公民道德教育从本质上说是以公民的基本权利和义务为前提,以人与人之间普遍的契约关系作为要求的'平民教育'。"②他认为公民道德教育以平等、自由、和谐为基本理念,

---

① 余维武.公民教育与公民道德教育:对当前我国公民教育与公民道德教育的一种解读[J].思想理论教育(上半月综合版),2005(7):91.
② 曹辉.公民道德教育的三个基本理念[J].中国教育学刊,2005(7):30.

以倡导人与人之间遵守普遍道德契约的和谐状态为目标。另一类是强调公民道德教育应突出公民义务的履行,即对公民进行道德品质的教育,培养个体在公共场合所应具备的行为规范。徐继超在《公民道德教育与公民法制教育》一书中指出:"所谓公民道德教育,就是指运用我国的公民道德规范,采用多种形式,增强公民的道德观念,树立公民的道德信仰,养成公民守道德的行为习惯的实践活动。"①张笑涛在《为"道德教育、公民教育与公民道德教育"正名》一文中指出:"公民道德教育的重心在'道德',道德除了提倡合理利己,还有慈爱和宽恕等人道精神追求,而公民教育的内核在'权责意识',而且首要是公民维权,所以有时候道德关怀会与公民权利发生冲突。"②魏开琼在《论公民教育与公民道德教育》一文中指出:"公民道德教育的核心在于把公民在公共生活领域内的行为准则内化为公民意识,成为其自主行为的一部分。所以,公民道德教育并不属于私人道德的范畴,而是公民在参与国家活动、公共生活时表现出来的公共性要求。"③王传峰在《伦理思维视域下的公民道德教育》一文中指出,公民道德教育应该围绕"人是实体性的人"而展开,促进公民对社会公共道德规范

① 徐继超.公民道德教育与公民法制教育[M].北京:中国社会出版社,2003:90.
② 张笑涛.为"道德教育、公民教育与公民道德教育"正名[J].现代教育管理,2012(9):92.
③ 魏开琼.论公民教育与公民道德教育[J].河北学刊,2004(3):206.

的认同,自觉承担对社会实体的义务和责任。①

综上所述,笔者认为高校思想政治教育的含义可参照公民道德教育,其核心是大学生,因此高校思想政治教育应以公平、正义、平等、自由、秩序、责任为理念,在承认大学生权利与义务相统一的基础上,对大学生进行道德品质的教育,呼唤个体的公共精神,培养个体在公共场合所应具备的行为规范。

二、高校思想政治教育的特征

中国是一个有悠久道德教育历史的国家,传统道德教育面临着现代性的转变,"传统道德教育在现代社会的缺陷主要表现为:缺乏基本规范,缺少公共准则,缺乏民主精神,即缺乏公民精神"②。我国构建高校思想政治教育体系,必须实现传统道德教育的转型,应立足现实、放眼世界,在继承传统的基础上借鉴西方的经验,调整教育理念、重塑教育目标、完善教育内容、创新教育方法,增加传统道德教育中缺乏的大学生精神,使道德教育与大学生培养目标相契合,形成有中国特色的高校思想政治教育体系。我国高校思想政治教育呈现出如下特点。

第一,重视国家意识的培养。中国是一个具有悠久文化传统的社会主义国家,实施的是社会主义和共产主义道德教

---

① 王传峰.伦理思维视域下的公民道德教育[J].教育评论,2015(3):51.
② 刘梅.公民的本质精神与公民道德教育的建构[J].华南师范大学学报(社会科学版),2005(2):108.

育。高校思想政治教育重视国家观念和集体主义,强调社会主义核心价值观,侧重于培养大学生的爱国情感和民族精神。例如,大部分学校每周一都会举行升旗仪式,还会进行国旗下的演讲,以增强学生的爱国意识;爱国主义教育基地如中国人民革命军事博物馆、圆明园遗址公园、井冈山革命根据地、重庆渣滓洞、沈阳"九一八"历史博物馆等均免费开放;在重要的纪念日,社会各界会自发举办一系列培育爱国精神的活动,如清明节举办缅怀革命先烈的祭扫烈士墓活动,端午节举办祭奠屈原的诗词朗诵活动,每年的9月18日各地会鸣响防空警报以警示民众勿忘国耻,每年的12月9日大部分高校会组织学生开展征文或演讲比赛等。

第二,注重个人品德的培养。高校思想政治教育提倡个人品德修养。我国大学生道德教育植根于中华优秀传统文化,受到传统道德教育的影响。我国传统文化非常重视个人品德修养,如孔子很早就意识到修身的重要性,提出当"修己以敬""修己以安人""修己以安百姓";孟子以"性善论"为基础,提出要不断挖掘和扩充人内心中善的一面,修身养德;宋明时期,理学家更是把"修身"和"养性"结合起来,提出了"修养"的概念,并强调人们要通过各种修养方式陶冶性情。在家庭教育中,父母非常重视孩子个人品德、修养、作风、习惯等方面的培养,规范其行为举止。

第三,以理论灌输为主要方式。我国的高校思想政治教育以学校教育为基础,形成了从义务教育阶段到高等教育阶段相对完善的道德教育体系。然而,在学校教育中,大部分教师仍恪守传统的教育理念和方法,以课堂教学为主阵地,以理论灌输为主要教育方式,以道德规范为主要教育内容,缺乏与教育对象的互动、沟通和交流,忽略了教育对象作为独立个体的思想状况与实际需求,因此其教育效果并不理想,也远不能满足社会对大学生道德提升的迫切要求。

三、高校思想政治教育的作用

第一,高校思想政治教育有助于实现个人全面发展。所谓人的全面发展是指人的一种全面的方式,也就是说,作为一个完整的人,把自己的全面本质据为己有,促进自己作为人的本质力量的公开展示。① 一个全面发展的人是各方面的才能和能力都得到协调发展的人。全面发展就个人而言,包括道德素质、知识水平、审美能力、身心健康状况等方面的全面协调发展。而每个人都是处在一定的社会关系中,为了生产,人们不得不进行交往,尤其是进入现代社会,行业之间的互动与协作增加,自媒体使人与人之间的联系更加迅速、便捷,人与人之间的交往日益增多,所以人的全面发展自然要包括维系社会关系的能力,比如沟通能力、协调能力、组织能力等。在社会生活中,尤其是在人与人之间的交往过程中,大学生道德素养起到极为重要的作用,良好的道德素养有助于提升人们

---

① 唐凯麟.伦理学[M].北京:高等教育出版社,2001.

适应社会的能力,增强彼此之间的信任,使人们沟通、交流、协作更加顺畅。所以,道德是人能够维系社会关系的基础素质,是实现人全面发展所需的素质中的重要素质之一。高校思想政治教育作为提升道德修养的教育,有助于提升个体适应社会生活的能力,促进人的全面发展。

第二,高校思想政治教育有助于维护社会和谐与发展。首先,高校思想政治教育有助于维护社会的稳定与和谐。一个社会是否和谐、一个国家能否安定团结,在很大程度上取决于广大大学生的道德素质和水平。高校思想政治教育致力于培养大学生在公共场合下普遍认同和自觉遵守的行为准则。大学生道德素质的提高,必将有助于我国社会的和谐与稳定,为我国经济发展提供一个良好的环境。其次,大学生道德教育有助于推动社会的发展和繁荣。我国正处在全面建成小康社会的决胜阶段和社会主义现代化建设的初级阶段,市场经济逐步发展完善并走向成熟。市场经济从本质上讲是信用经济,社会主义市场经济是一种秩序规范的经济,也是一种道德规范的经济。在社会主义市场经济条件下,高校思想政治教育的开展会促进市场主体具有一定的责任意识和平等意识,使其具备一定的社会公德和职业道德,提高我国各行业之间、我国与他国之间的沟通、交流、合作的质量和效率,促进社会主义市场经济更加有序、开放、公正地进行,促进我国经济的繁荣和发展,从而带动整个社会的文明和进步。

第三,高校思想政治教育有助于提升国际认同度和影响力。如今,世界正呈现出经贸大繁荣、金融大流通、人文大交流的特点。随着我国经济实力的提升,科技水平的提高,社会文明的发展,我国和世界各国的合作越来越多。与此同时,也吸引了越来越多的国际友人来我国深造、工作、定居,我国赴国外旅游、购物、求学、工作的人员日益增加。我国与世界各国之间的交流往来频繁而密切。因此,我国的大学生道德水平,已经不仅仅关系到大学生个人的形象,同时也关系到中国在世界上的形象。如果大学生的道德素质高,则我国在世界上的形象也会提升,反之亦然。在与世界各国人民的交流与合作中,中国人的道德品质以及独特的气质和精神,正成为中国形象的一部分,展现在世界各国人民的面前。中国人优秀的道德品质,如友善、真诚、敬业等,正成为吸引外国友人来我国发展的重要原因之一。因此,高校思想政治教育的开展,我国大学生道德水平的提升,必将有助于提升我国的国际认同度和影响力。

四、高校思想政治教育的发展历程

我国高校思想政治教育的发展历程,主要分为三个阶段:萌芽发展阶段、推进扭曲阶段、恢复振兴阶段。

萌芽发展阶段指高校思想政治教育的萌芽和发展。在我国封建社会时期,不具备产生"大学生"概念的条件,自然也不会形成真正意义上的高校思想政治教育。清朝末年,虽然清政府在新式学堂里开设的修身课中蕴含着西方高校思想政治教育的内容,但是其教育仍是为维护封建统治而服务的,从本质上讲并非是高校思想政治教育。受西方思想的影响,面对亡国灭种的危机,一些有识之士开始关注对大众的公德教育,企图以此唤醒国人的思想。严复在《原强》中提出,一个国家的强弱存亡决定于三个基本条件:"一曰血气体力之强,二曰聪明智慧之强,三曰德行义仁之强。"他认为,实现国富民强要通过民众强健体魄、学习知识、提升道德水平来实现。严复提出的德行仁义,是针对当时社会只重视个人私德而缺少公德提出的,他倡导公德的提升。梁启超继承了严复的思想,他在《新民说》中提出:"我国民所最缺者,公德其一端也。公德者何?人群之所以为群,国家之所以为国,赖此德焉以成立者也。"梁启超所说的"公德",一方面指有利于国家总体利益的行为,另一方面则指有利于一般社会公益的行为。梁启超的论述使越来越多的人意识到思想政治教育的重要性。

　　1912 年,中华民国成立,蔡元培成为中华民国临时政府首任教育总长。蔡元培提出以培养大学生道德为主的教育方针,实施军国民教育、实利教育、公民道德教育、世界观教育、美育这五项教育。他重视高校思想政治教育,强调军国民教育、实利教育必以道德为根本。陶行知曾为推动近代高校思想政治教育做出过重要贡献,他大力推行道德教育,认为道德修养是最基本的修养,学生必须讲私德顾公德。学校有义务引导学生社会化,推动学生协调个人和社会之间的关系,使学生更好地适应社会,贡献自己的力量。陶行知开展的道德教育主要包括人格教育、理想主义教育、集体主义教育、劳动教育和爱国主义教育。1923 年,北洋政府颁布了《新学制课程标准纲要》,根据此纲要,小学一至四年级设置社会科,五至六年级设置大学生科,初中设置大学生科。高校思想政治教育内容有所丰富,以社会生活为轴心,渗透大学生应当学习并践行的道德品质。1927 年,南京国民政府成立。蒋介石大力推行党化教育,以党义课取代了大学生课,以党化教育取代了高校思想政治教育。此后受到战争的影响,高校思想政治教育的发展处在近乎停滞的状态。

推进扭曲阶段指高校思想政治教育的推进和扭曲。新中国成立后,特别是社会主义改造任务基本完成后,我国开始实施高校思想政治教育。这一时期的高校思想政治教育,道德标准被拔高,并突出强调大学生对国家的义务。而"文化大革命"期间,高校思想政治教育则忽视了人们的道德品质、人生修养的教育。

恢复振兴阶段指高校思想政治教育的恢复和振兴。十一届三中全会以来,特别是改革开放之后,我国的政治、经济、文化等各方面进入一个稳定发展的时期,大学生道德教育也逐步得到恢复和振兴。1979 年 10 月,邓小平同志指出要在建设高度的社会主义物质文明的同时,建设高度的社会主义精神文明。将精神文明和物质文明区分开来,精神文明建设得到重视,为高校思想政治教育的发展创造了良好的环境。1981 年 2 月,全国总工会、共青团中央等九个单位联合发出《关于开展文明礼貌活动的倡议》,开展以讲文明、讲礼貌、讲卫生、讲秩序、讲道德和心灵美、语言美、行为美、环境美为内容的"五讲四美"文明礼貌活动。随后全国各地区积极开展群众性的道德教育活动,全社会的道德水平有了一定程度的提高。1985年,中共中央颁布了《关于改革学校思想品德和政治理论课教学的通知》,对各级各类学校的思想品德和政治理论课的教学改革,提出了明确的方向和要求。国家高度重视青少年的道德教育,提出了"培养有理想、有道德、有文化、有纪律的社会主义建设人才"的现代大学生道德教育新要求。

1999年6月,中共中央、国务院颁布了实施素质教育的纲领性文件,即《关于深化教育改革全面推进素质教育的决定》,强调学校教育要重视德育,进一步改进德育工作的方式方法,要有针对性地开展伦理道德以及文明习惯养成的教育等等。2001年9月,中共中央颁发《公民道德建设实施纲要》,阐述了公民道德教育的重要性,指明了公民道德建设的指导思想、方针原则、主要内容,并提出发展公民道德教育的途径,即大力加强基层公民道德教育、开展群众性的实践活动、营造良好的社会氛围、提供法律支持和政策保障、切实加强对公民道德建设的领导。

经过长期努力后,中国特色社会主义进入新时代,我国对大学生道德素养的要求日益提升,提升大学生的社会公德、职业道德、家庭美德、个人品德,也是我国加强思想道德建设、实现中华民族伟大复兴的题中之意。十八大报告中明确提出要全面提高公民道德素质。十九大报告中突出强调深入实施公民道德建设工程。在党和国家的重点关注和大力支持下,高校思想政治教育不断得到深化与发展。

第六节 中华优秀传统文化与高校思想政治教育的关系

中华优秀传统文化与高校思想政治教育是相互联系、交互运动、共同促进的辩证关系。具体而言,中华优秀传统文化与高校思想政治教育具有内在契合性,中华优秀传统文化丰富高校思想政治教育的可用资源,高校思想政治教育推动中华优秀传统文化的发展与传承。高校思想政治教育与传统文化的密切关系,为高校思想政治教育中中华优秀传统文化价值的实现奠定了基础。

一、中华优秀传统文化与高校思想政治教育的内在契合性

第一,精神实质的统一性。中华优秀传统文化与高校思想政治教育二者的精神实质都体现出人文关怀精神。人文关怀作为"一种普遍的人类自我关怀,表现为对人的尊严、人格、价值、命运的维护、追求和关切,对人的主体、地位、需求、生存

状态、生活条件以及保障的关注等"①。中华优秀传统文化是一种德行文化,重视人伦关系,主张积极入世,追求人的完善,追求人与人之间的和谐,追求人与自然的共生,追求社会的繁荣发展,是以人为中心的文化。这使得中国免受欧洲社会宗教对人的桎梏以及宗教狂热所带来的战争等社会负面影响。中华优秀传统文化中的观点,如"天地之性人为贵""君子和而不同""学而优则仕"等都彰显着人文主义的精神。"德育的本质是一种培养人、塑造人、发展人、完善人的教育实践活动,德育人文关怀自始至终都把人作为基本的出发点和归宿。"②高校思想政治教育作为德育的重要组成部分,对人的关怀体现在教育内容是人与自然、人与社会相处的行为规范;教育过程需根据知、情、意、行的统一原则合理安排;教育方法须在符合人的客观规律的前提下,尊重人的主体地位和个性差异进行施教;教育手段也要根据丰富多样的个体需求进行创新,激发教育对象的主动性、积极性;教育载体也要根据时代需求进行开发利用;教育目的是使受教育者形成良好的道德品行,促使其更好地适应社会、服务社会。中华优秀传统文化与高校思想政治教育在其精神实质上都显示出对人的关怀,在这一点上二者是相互联系的。

第二,目标方向的趋同性。中华优秀传统文化与高校思

① 黄正泉,王健.人文关怀:思想政治教育之魂[J].现代大学教育,2007(3):57.
② 王东莉,等.德育人文关怀实践论[M].杭州:浙江大学出版社,2015:25.

想政治教育二者在目标方向上具有趋同性。首先,从个体层面看,中华优秀传统文化与高校思想政治教育都致力于培养个体的理想人格。中华传统文化虽然流派众多,却普遍表现出对于理想人格的追求和向往,鼓励人们克服自身弱点,通过一定的方法提升自身行为和品格,提升个体的道德境界。中华传统文化主流的儒学文化、道学文化及佛学文化中均有相关论述。儒学将尧、舜视为圣人,主张成圣成贤,追求人的道德完善。佛学中,佛陀是完美人格和道德的化身,以救苦救难为己任,佛学还讲求人人皆有佛性,以涅槃成佛为最高目标。道学的目标是培养真人,真人具有天人合一的宇宙观、生死如一的人生观、泰然处之的风度、喜怒相宜的神态、独游天地的情怀,试图达到精神绝对自由的境界。高校思想政治教育致力于培养大学生的基本道德、社会公德、职业道德、家庭美德等道德品质,目的在于使大学生的行为符合现代社会的行为规范,提高道德素质,促进人的全面发展。其次,从社会层面看,中华优秀传统文化与高校思想政治教育皆致力于促进社会稳定发展。中华优秀传统文化,从夏、商、周时期逐步发展,至春秋时期基本呈现雏形。春秋时期之所以出现百家争鸣的文化繁荣景象,究其原因是当时的知识分子想要改变社会上诸侯之间战乱不断、违反礼制的现象频发及民不聊生的现状。因此,儒家、道家、墨家、法家均有对于构建理想社会的论述:儒家主张构建人人平等的"大同世界",道家主张构建"小国寡民"的社会,墨家主张构建"天下之人皆相爱"的社会,法家主张构建"国富兵强"的社会等。春秋时期形成的诸子百家思想,奠定了中华优秀传统文化的基本发展走向,对于理想社会的追求也成为中华优秀传统文化的重要内容。高校思想政治教育,培育大学生的道德素质,规范大学生的行为,保障大学生的权利、义务,调和人与人、人与社会的关系,最终使社会处于和睦友好、互利互助的状态,营造平等、和谐、有序的大学生社会。对于理想社会的追求,体现着中华优秀传统文化与高校思想政治教育的内在联系,也表现出从古至今中华儿女从未间断的对美好生活的向往与追求。

第三,教化功能的一致性。中华优秀传统文化与高校思想政治教育在教化功能上具有一致性。"文化一词源于'人文化成',即用人文的道理化育人本身,以去除人身上自然遗传具有的原始自然性,使文化遗传成为人的代际传承特征,这一过程也即道德修养过程。"[①]文化本身具有教化功能,能够以潜移默化的方法去影响人们的行为。中华优秀传统文化蕴含着丰富的道德教育内容,并以思维模式、价值观念、伦理规范、行为方式、审美情趣、风尚习俗等多样化的形式影响中华儿女。中华传统文化中的优秀部分能够提升人们的精神境界,规范人们的行为。同时,教化是德育的基本功能。高校思想政治教育给予大学生在现代社会生存发展所必需的道德规范方面的熏陶、道德品质培养的引导、道德行为塑造的训练。在高校

---

① 刘婧,郭凤志,刘景辉.论文化教化在提升国民道德素养中的作用[J].思想教育研究,2016(4):25.

思想政治教育的过程中,教育内容对于受教育者的启发、榜样示范对于受教育者的激励、教育环境对于受教育者的感染、教育者的言传身教对于受教育者的熏陶等,都是大学生道德教育教化功能发挥作用的结果。可以说,教化功能的发挥贯穿于高校思想政治教育的始终。因此,中华优秀传统文化与高校思想政治教育具有教化功能的一致性。

二、中华优秀传统文化丰富高校思想政治教育资源

中国一直以来被认为是礼仪之邦、文明古国。中华传统文化在发展过程中,产生了名目繁多、内涵丰富的道德规范。我国具有悠久的德育传统,在发展过程中逐步积累了宝贵的德育经验,这些都为当代高校思想政治教育提供了可用资源。

第一,中华优秀传统文化中蕴含丰富的道德教育内容。在中华传统文化中,伦理道德占据着相当重要的位置。不可否认,中华传统文化中的部分伦理道德,如三纲五常、男尊女卑、三从四德、门当户对等思想,是不符合时代发展要求的,是与现代社会精神相违背的。但是,不能因为其中的某些内容具有局限性,而忽视中华传统文化中超越时代的、具有可继承性的内容。中华优秀传统文化,能够激励中华民族砥砺奋进,维系中华民族的团结统一,形成向上向善的力量。习近平总书记指出:"中华优秀传统文化中很多思想理念和道德规范,

不论过去还是现在,都有其永不褪色的价值。"①道德的发展是有连续性、继承性的,大学生基本道德规范继承和发展了中华传统文化中思想理念和道德规范的精华部分,比如,爱国是古代仁人志士胸怀天下、忧国忧民、公忠体国精神的继承与发展;守法是法家"奉法行事""不别亲疏,不殊贵贱,一断于法"观念的继承与发展;友爱是由儒家的仁爱思想和墨家的兼爱思想演化而来的;自强可以追溯到《周易》中"天行健,君子以自强不息"的论述。因此,中华优秀传统文化中与伦理道德相关的部分,经过创造性转化后,可以为高校思想政治教育的内容提供有益补充。

第二,中华优秀传统文化中具有宝贵的道德教育经验。我国具有悠久的道德教育传统。早在西周时期,奴隶主为巩固统治,已经积极开展以礼乐为核心的道德教育,这也是我国道德教育的开端。春秋时期各种道德观念涌现,道德教育方法初步形成。秦汉时期,道德规范逐渐成为评价社会成员和各种社会现象的标准。在封建社会,涌现了孔子、老子、墨子、孟子、荀子、董仲舒、王充、韩愈、柳宗元、王安石、朱熹、王守仁、李贽、徐光启、王夫之等教育家,开发了施教方法、化民方法、修身方法等多种教育方法,形成了官学、私学、书院等多种较为成熟的德育模式,构建了一整套完备的德育体系。钱穆

---

① 习近平.在文艺工作座谈会上的讲话(2014 年 10 月 15 日)[N].人民日报,2015-10-15(2).

认为：“中国一切教育思想，又可一言以蔽之，曰：‘在教人如何做人。’”①即中华传统教育中道德教育的内容占据着最重要的地位。高校思想政治教育是我国古代道德教育的继承与发展，因此中华优秀传统文化中古代道德教育的相关信息，能够为高校思想政治教育提供经验借鉴，这种经验借鉴是多样化的，包括教育理念的继承、教育内容的扩展、教育方法的创新、教育体系的建立等。

三、高校思想政治教育推动中华传统文化的发展传承

高校思想政治教育具有文化功能，表现在高校思想政治教育对社会文化的选择、传播、融合、变迁等方面具有重要作用。

第一，高校思想政治教育引领中华传统文化的发展方向。由于中华传统文化中既有符合时代发展所需要的内容，也有落后于时代发展的内容，既有精华，也有糟粕，所以中华传统文化的发展需要引领，否则中华传统文化就会走上无序、盲目发展的道路，对社会的发展起到阻碍作用。而高校思想政治教育在实质上是一种价值观的传输，能够培育大学生的道德品行，以适应社会发展的需要。因此，能够应用到高校思想政治教育中的中华优秀传统文化方面的相关内容，必然代表社会主流价值观，引领整个社会的发展。由此可见，高校思想政

---

① 韩复智.钱穆先生学术年谱[M].北京:中央编译出版社,2012:1503.

治教育能够为中华优秀传统文化的发展提供导向作用。

第二,高校思想政治教育促进中华优秀传统文化代代相传。一方面,高校思想政治教育能够使中华优秀传统文化的内容得到广泛传播。高校思想政治教育要提升其生动性、感染力,必然要融入中华优秀传统文化中的精华部分作为其文化支撑。而高校思想政治教育的广泛开展,客观上起到促进中华优秀传统文化的广泛传播和加强中华优秀传统文化正面宣传的作用,推动整个社会加深对中华优秀传统文化的了解和认识,重视中华优秀传统文化的价值和作用,加强全社会对于传统文化精华内容的学习,进而使中华优秀传统文化作为中华民族的"文化基因"在中华儿女的血脉中世代相传。另一方面,高校思想政治教育有助于培养中华优秀传统文化的传承者。高校思想政治教育在实施过程中引用中华优秀传统文化的内容,使大学生受到中华优秀传统文化的熏陶和感染。部分受教育者逐渐形成一种将中华优秀传统文化与时代相结合的能力,成为传统文化的传承者,增强中华优秀传统文化的传承能力,进而推动中华优秀传统文化的传承发展。

第三,高校思想政治教育提升中华优秀传统文化产品的竞争力。一方面,高校思想政治教育通过赋予中华优秀传统文化产品道德内涵,提升中华优秀传统文化产品的竞争力。中华优秀传统文化产品在其研发和设计过程中,融入道德教育内容,会使中华优秀传统文化产品具有独特的吸引力,受到人们的喜爱和欢迎。比如纪录片《我在故宫修文物》,讲述的是故宫文物修复者的故事。此纪录片之所以在视频弹幕网站"哔哩哔哩"受到青年网友的广泛欢迎,是因为这部纪录片的内容体现着精益求精的"工匠精神"。正是文化产品中体现的道德意蕴,使其脱颖而出,从而有效地提升了文化产品的市场竞争力。另一方面,高校思想政治教育促进中华优秀传统文化产品与新媒体相结合。新媒体这一载体的开发和利用,能够使中华优秀传统文化产品符合时代特点,进而得到消费者的心理认同,受到广泛欢迎。随着现代科技不断发展,传播途径日益丰富,高校思想政治教育为提升实效性,与新媒体相结合是必然趋势,从客观上推动中华优秀传统文化载体的多元化发展,促进其与手机 App、互联网等新媒体相结合,与 VR 技术、AR 技术等新技术相融合。新兴的载体和技术更容易引起消费者的关注,客观上增强了文化产品竞争力。

第二章 中华优秀传统文化融入高校思想政治教育理论支撑

中华优秀传统文化是在中华民族历史发展中形成的,其内容灿烂恢宏、形式丰富多彩,是中华儿女卓越智慧的集中体现。将中华优秀传统文化置于高校思想政治教育中,去探究其在高校思想政治教育中的价值性,需要以前人提供的思想资源和实践经验为理论依据。本章的理论依据涵盖马克思主义经典作家的理论、马克思主义中国化的理论以及国内外知名学者的相关理论。

第一节 马克思主义关于文化价值及道德教育的理论

马克思主义经典理论是中华优秀传统文化在高校思想政治教育中价值的逻辑起点。它包括马克思恩格斯文化价值理论、马克思恩格斯道德教育理论和列宁批判继承文化遗产理论。马克思主义经典理论虽然没有直接关于中华优秀传统文化在高校思想政治教育中价值的论述,但是马克思主义经典作家对于文化在人类发展过程中所起到的重要作用、对于运用文化进行道德教育以及如何继承文化遗产等问题作了详尽阐述，为中华优秀传统文化在高校思想政治教育中的价值提供了理论支撑。

一、马克思恩格斯文化价值理论

马克思、恩格斯在世时一直没有时间和机会对文化问题进行专门的探讨，但是他们对于文化及其价值的论述散见于《1844年经济学哲学手稿》《哥达纲领批判》《德意志意识形态》《人类学笔记》《共产党宣言》等著作中。首先，文化本身具有教化作用。马克思、恩格斯认为，文化包含着特定历史发展过程中作为社会主体的人们的社会关系的总和，能够反映人类所达到的文明程度。人和动物的区别在于人具有主观能动性，人能够通过自身的实践活动创造文化，而文化一经形成就会对人的思想产生影响，进而影响人的实践活动。马克思、恩格斯认为，人一旦接受了某种文化，文化就会通过人的能动性转变为人的实践活动，并在其经典著作中突出强调文化对社会革命的推动作用。比如，1844年西里西亚纺织工人起义前夕流行的革命歌曲《血腥的屠杀》，马克思认为这首歌"毫不含糊地、尖锐地、直截了当地、威风凛凛地厉声宣布，它反对私有制社会"[①]，使人民认识到西里西亚起义的无产阶级革命本

① 中共中央马克思恩格斯列宁斯大林著作编译局.马克思恩格斯全集：第一卷[M].北京：人民出版社，1956：483.

质,鼓舞人民群众的革命精神。马克思、恩格斯在其著作中承认人是创造文化的主体,同时也强调文化一旦被人接受也能对个体和社会群体产生不可估量的影响。其次,文化促进人的全面自由发展。马克思认为,共产主义社会是"一个更高级的、以每一个个人的全面而自由的发展为基本原则的社会形式"①。到那时,"人终于成为自己的社会结合的主人,从而也就成为自然界的主人,成为自身的主人——自由的人"②。马克思所指的"人的全面而自由的发展",是人的身体和精神都不受到任何外在的限制和束缚,人的发展摆脱了任何外在的目的,完全是人内在本质力量自愿地、自主地、自觉地外化、丰富、充实和提升。文化体现的是人的社会关系和人类社会的文明程度,人类创造文化的过程也是人类不断摆脱社会和自身的局限性,充分发挥其类本质属性的过程。一方面,马克思、恩格斯认为,伴随着生产力的发展,人类不断地摆脱外在的束缚与限制,创造出符合时代发展要求、能够满足人类精神需求的文化,在人类创造文化的过程中"类本质"作用得到充分发挥。因此,恩格斯指出:"最初的、从动物界分离出来的人,在一切本质方面是和动物本身一样不自由的;但是文化上

---

① 中共中央马克思恩格斯列宁斯大林著作编译局.马克思恩格斯选集:第二卷[M].北京:人民出版社,2012:267.
② 中共中央马克思恩格斯列宁斯大林著作编译局.马克思恩格斯选集:第三卷[M].北京:人民出版社,2012:817.

的每一个进步,都是迈向自由的一步。"①文化,一个重要的作用就是不断地体现着和在更大程度上实现着人的全面自由发展,使人类从"必然王国"向"自由王国"不断迈进。

二、马克思恩格斯道德教育理论

马克思、恩格斯的道德教育理论源于其丰富的道德教育实践。马克思、恩格斯道德教育理论作为无产阶级德育思想和德育实践的理论基础,也为中华优秀传统文化在高校思想政治教育中的价值提供了有力的理论依据。而运用文化进行道德教育,是马克思、恩格斯道德教育实践中的重要组成部分。马克思和恩格斯在对工人进行道德教育的过程中,特别注意联系其生活实际,根据其理解和接受能力,运用无产阶级先进文化对其进行道德教育。

第一,马克思、恩格斯通过在报刊发表文章的方式进行道德教育。在1842—1843年间,马克思就开始在《莱茵报》发表文章。在此之后马克思相继创办了《德法年鉴》《新莱茵报》《新莱茵报·政治经济学评论》等报刊宣传自己的思想。同时,马克思、恩格斯也为《德意志—布鲁塞尔报》《改革报》《北极星报》《西德意志报》《北德意志自由报》《太阳报》《地球报》《纽约每日论坛报》等有影响力的报纸撰稿,为共产主义理论

① 中共中央马克思恩格斯列宁斯大林著作编译局.马克思恩格斯选集:第三卷[M].北京:人民出版社,2012:492.

开拓更多的思想阵地。马克思、恩格斯利用报刊影响群众和社会舆论，宣传无产阶级的道德规范，对工人群众进行道德教育。

第二，马克思、恩格斯通过宣传自己的著作进行道德教育。马克思、恩格斯在一生中写下了大量关于道德教育的文献。马克思、恩格斯积极促成自己著作的出版、发行、传播，他们亲自深入工人中间，通过演讲的方式宣传自己的著作和思想，在向工人阐述理论时，尽量用浅显易懂的语言，深入浅出地进行讲解，并使用反问、举例等方式，这使他们的理论受到工人的广泛认同，引起强烈反响，提高了工人的理论水平和道德水平。

第三，马克思、恩格斯通过引用文学经典进行道德教育。马克思、恩格斯重视文学经典的道德教化作用，恩格斯认为，民间故事书"同圣经一样使农民有明确的道德感，使他意识到自己的力量、自己的权利和自己的自由，激发他的勇气并唤起他对祖国的热爱"①。因此，马克思、恩格斯在著作中直接引用荷马、莎士比亚、但丁、席勒、歌德、塞万提斯、巴尔扎克、海涅等作家的经典名句，以及世界文学史上经典著作中的典故阐明自己的观点，使自己的观点能够具有更大的影响力。马克思、恩格斯对于文学经典的引用，使理论阐述更加清楚、明白，同时使道德教育避免枯燥的说理，变得生动形象，提升了道德

---

① 中共中央马克思恩格斯列宁斯大林著作编译局.马克思恩格斯全集：第四十一卷[M].北京：人民出版社，1982：14.

教育的效果。

综上所述,马克思、恩格斯尽管没有明确提出运用文化进行道德教育的观点,但是这一观点鲜明地体现在其著作的论述和所从事的实践活动中。马克思、恩格斯对道德教育进行的探索,为以后的马克思主义学者进行道德教育提供了重要启示,直到现在仍然具有强烈的现实意义。

三、列宁批判继承文化遗产理论

列宁在其著作中虽然没有提出文化遗产的概念,但是我们可以从列宁的文献中看出,文化遗产是指人类在过去时代所创造的物质和精神财富的总和。在列宁生活的时代,俄国对待文化遗产有两种截然不同的态度:一种是追求"纯而又纯的无产阶级文化",对俄国资产阶级时代的一切文化持批判的态度;而另一种观点则把西方资产阶级文明视若神明,主张毫无判断地全盘接纳。面对这两种错误的思想倾向,列宁发表多篇文章,提供正确认识文化遗产的方法,他认为文化遗产分为两部分:一部分代表过去,有一定的局限性;而另一部分代表未来,具有一定的超前性。

历史证明,任何阶级都有一个产生、发展、成熟、灭亡的过程,而这个过程并不能在一个社会形态内完成,因此反映其思想的意识形态必然会跨越不同的时代。列宁认为,历史上一切伟大的文学家、哲学家、思想家所创造出的文化成果,虽然属于产生它的那个时代的上层建筑,但是又具有超出时代和

阶级局限的特征。俄国 19 世纪的作家列夫·托尔斯泰,他的
《战争与和平》《安娜·卡列尼娜》《复活》等作品,充分反映出
俄国社会贵族地主和农民之间的矛盾。列夫·托尔斯泰逝世
后,列宁写作《列夫·托尔斯泰是俄国革命的镜子》《列尼·托
尔斯泰和现代工人运动》《托尔斯泰和无产阶级斗争》等文章,
对列夫·托尔斯泰的作品给予高度评价,称他的作品是反映
农民在俄国革命中的历史活动所处的各种矛盾状况的镜子。
列夫·托尔斯泰的作品作为俄国宝贵的文化遗产,其中既有
属于过去的部分,如悲观主义、禁欲主义、宣扬基督教的博爱
和自我修身、企图从宗教中寻求解决社会矛盾的道路等,表现
出幻想的不成熟、政治素养的缺乏和革命的软弱性;也有属于
未来的部分,如对专制制度的腐朽和罪恶的揭露,对自由平等
社会的向往,对人格中美好品质的赞扬等。托尔斯泰作品中
属于未来部分的内容,闪烁着民主主义和社会主义的光芒。
文化遗产中属于未来的部分,它虽然产生于落后的社会体制,
但能对先进的经济基础和社会体制起促进作用,对腐朽的经
济基础和社会体制则起到瓦解的作用。列宁主张批判继承文
化遗产,建设发展无产阶级文化。列宁认为,无产阶级文化并
不是从天上掉下来的,也不是那些自命为无产阶级文化专家
的人杜撰出来的。

　　列宁主张将文化遗产融入无产阶级文化建设,以保证社
会主义文化不断进步和持续发展,指出只有确切地了解人类
全部发展过程所创造的文化,只有对这种文化加以改造,才能

建设无产阶级的文化,没有这样的认识,就不能完成这项任务。① 同时,列宁重视用社会主义文化提升群众的认识水平和道德水平,他指出"没有哪一个地方的人民群众像我国的人民群众这样关心真正的文化;没有哪一个地方像我国这样把文化问题提得这样深刻,这样彻底"②。

列宁认为,社会主义文化要在批判吸收人类一切文化遗产的基础上不断地根据实践进行理论创新。而只有使群众充分吸收社会主义文化,不断提高群众的文化水平,群众才能自觉地同旧习惯、旧风气、旧思想决裂,克服不文明的陋习,逐步形成社会主义精神风貌。因此,列宁在十月革命胜利后,致力于开展"文化革命",通过提高全体居民文化素质,推动社会主义文学、艺术和科学的进步,逐步建立起新的伦理道德和生活方式。列宁在充分阅读本民族著名文学家、思想家作品的基础上,结合国家经济文化落后的具体实际,创造性地提出了文化遗产理论,丰富和发展了马克思主义文化理论,对于我们今天正确对待文化遗产,充分发挥文化遗产的作用具有重要的意义。

---

① 中共中央马克思恩格斯列宁斯大林著作编译局.列宁全集:第三十九卷[M].北京:人民出版社,1986.

② 中共中央党校教务部.马列著作选编[M].北京:中共中央党校出版社,2002:601.

第二节 马克思主义中国化中
关于优秀传统文化的思想

马克思主义中国化就是将马克思主义基本原理同中国具体实际相结合,使马克思主义在中国具体化、实践化。中国共产党以马克思、恩格斯、列宁等马克思主义经典作家的理论为基础,结合中华优秀传统文化传承发展的实际情况,对中华优秀传统文化在高校思想政治教育中所具有的价值进行深入探讨,并取得了丰硕的研究成果。本文整理和归纳了毛泽东、刘少奇、邓小平、习近平等关于中华优秀传统文化在高校思想政治教育中价值的相关论述。

一、毛泽东关于中华传统文化批判继承思想

毛泽东的一生深受中华传统文化的影响,非常重视对中华传统文化的分析和研究,他坚持用马克思主义的态度审视中华传统文化,认为中华传统文化有数千年的历史,体现中华民族的民族精神,是中华民族智慧的结晶,是人民群众所创造的,因此具有一定的人民性,但同时中华传统文化是封建时期的产物,因此具有一定的阶级性、封建性。毛泽东围绕"如何对待中华传统文化"展开研究,主张坚持"古为今用、洋为中用、推陈出新"的原则,批判继承中华传统文化,汲取中华传统文化中的有益成分,"作为我们从此时此地的人民生活中的文

学艺术原料创造作品时候的借鉴"①,并强调"继承和借鉴决不可以变成替代自己的创造"②,鼓励社会创造出更多满足人民群众需要的有益的文化产品,丰富和发展社会主义文化。毛泽东认为,中华传统文化是中华民族宝贵的文化遗产,应对其进行批判性继承,并根据中国社会的实际情况,将其融入共产主义道德建设中。毛泽东非常重视道德建设,在结合中华传统文化进行道德教育方面做出了开创性的理论贡献。毛泽东充分地认识到要建设文明先进的新中国,必须摒弃腐朽的封建伦理制度,树立新的道德理念,同时强调共产主义道德要植根于中国现实的土壤之上,不能超越本民族特殊的历史条件、文化传统、社会现实,这样才能够使民众认同和接受共产主义道德,使共产主义道德深入人心。毛泽东坚持以马克思主义为指导,提出了一系列符合中国国情的社会主义道德教育思想和共产主义道德理论,并在社会主义建设中进行了伟大实践。1949年,中国人民政治协商会议第一届全体会议通过的《中国人民政治协商会议共同纲领》,提出把"爱祖国、爱人民、爱劳动、爱科学、爱护公共财物"作为社会主义基本道德规范;推崇集体主义原则,强调"全心全意为人民服务""大公无私"的奉献精神;提倡运用批评与自我批评的武器,助推社会主义道德建设,保持良好作风。毛泽东的道德建设思想与中华传统文化中的精华部分紧密联系,是对中华传统文化的继承、改

---

① 毛泽东.毛泽东选集:第三卷[M].北京:人民出版社,1991:860.

② 同上。

造和升华。比如，"五爱"思想中的"爱祖国"，是对中华传统文化中"精忠报国"的继承和发展，但是却剔除了中华传统文化中"忠君"的封建伦理观念；推崇集体主义原则，强调"全心全意为人民服务"是对中华传统文化中"先天下之忧而忧，后天下之乐而乐"的"惠民"思想的继承，但却摆脱了以君主为中心的传统重民思想的桎梏，剔除了其"仁爱有差等"的尊卑等级观念；运用批评与自我批评的方式加强作风建设，是对中华传统文化中"修身""自省""克己"思想的继承发展，却剔除了其中通过静坐、冥想等去修正自身思想的错误方法。

综上所述，毛泽东的道德教育思想是在对中华传统文化批判继承、创新发展的基础上提出的，丰富了马克思主义道德教育理论，对于中国的社会主义道德教育具有开创性作用。

二、刘少奇关于中华优秀传统文化道德修养思想

1937 年，日本发动全面侵华战争，中国共产党为提升战斗力吸纳了众多党员，致使党员队伍的素质参差不齐。刘少奇于 1939 年 7 月在延安马列学院做了《论共产党员的修养》的演讲，结合当时的实际情况，对于党员如何坚定共产主义信念，培养共产主义道德，加强理论修养、思想意识修养和党性修养，做了全面系统的论述。刘少奇在演讲中，创造性地提出了运用中华优秀传统文化中的修身方法提升党员道德品质的观点。

此后，刘少奇修改《论共产党员的修养》的演讲稿，并将其

整理出版。刘少奇在《论共产党员的修养》一书中,突出强调
运用中华优秀传统文化提供的方法,进行党员的道德修养。

　　刘少奇认为,由于共产党员的身份背景、社会阅历不同,
会有不同的道德品质,对待革命的态度也会不同。共产党面
临着建立新的社会制度的重任,因此必须在革命过程中,磨炼
自身的品质、提升自身的修养。如果不这样做,就不能实现改
造社会的任务。刘少奇在文中引用孟子的观点,提出共产党
员若想担负"大任","必先苦其心志,劳其筋骨,饿其体肤,空
乏其身,行拂乱其所为,所以动心忍性,增益其所不能",以此
激励党员,努力在革命实践中提升自身修养。在提升道德修
养途径方面,刘少奇强调真正大公无私的党员,"即使在他个
人独立工作、无人监督、有做各种坏事的可能的时候,他能够
'慎独',不做任何坏事。他的工作经得起检查"[①]。刘少奇强
调"自省""批评与自我批评"的重要作用,引用曾子的"吾日
三省吾身"以及《诗经》中的"如切如磋,如琢如磨"的名句,鼓
励共产党员要在道德修养上下功夫,才会有所收获。刘少奇
对于中华传统文化的继承是批判性地继承,他在鼓励党员借
鉴中华优秀传统文化提供的方法进行道德修养的同时,也强
调古人道德修养方法的弊端。刘少奇提出:"古代许多人的所
谓修养,大都是唯心的、形式的、抽象的、脱离社会实践的东
西。他们片面夸大主观的作用,以为只要保持他们抽象的'善

----

　　① 中共中央文献研究室中央档案馆.建党以来重要文献选编(一九二
一———一九四九):第十六册[M].北京:中央文献出版社,2011:497.

良之心'，就可以改变现实，改变社会和改变自己。这当然是虚妄的。"①因此，刘少奇提倡共产党员要通过人民群众的革命实践磨炼道德意志，提升道德修养。刘少奇批判继承中华传统文化中的修身方法，并将其运用于提升党员道德品质的实践活动中，提倡中华传统文化中修身方法的积极作用，同时也指出其负面因素，对于今后运用中华传统文化资源开展道德教育具有启示意义。

三、邓小平关于中华优秀传统文化"以史为鉴"思想

邓小平作为中国共产党第二代中央领导集体的核心，创造性地将马克思列宁主义的基本原理同当代中国实践和时代特征相结合，形成了邓小平理论，推动了马克思主义中国化的发展进程。邓小平首次提出社会主义精神文明这一重要概念，指出："所谓精神文明，不但是指教育、科学、文化（这是完全必要的），而且是指共产主义的思想、理想、信念、道德、纪律，革命的立场和原则，人与人的同志式关系，等等。"②邓小平突出强调进行精神文明建设，将精神文明建设同物质文明建设摆在同等重要的位置，指出："在社会主义国家，一个真正的马克思主义政党在执政以后，一定要致力于发展生产力，并在这个基础上逐步提高人民的生活水平。这就是建设物质文

① 中共中央文献研究室中央档案馆.建党以来重要文献选编（一九二一——一九四九）：第十六册［M］.北京：中央文献出版社，2011:477.
② 邓小平.邓小平文选：第二卷［M］.北京：人民出版社，1994:367.

明。过去很长一段时间,我们忽视了发展生产力,所以现在我们要特别注意建设物质文明。与此同时,还要建设社会主义的精神文明,最根本的是要使广大人民有共产主义的理想,有道德,有文化,守纪律。"①由此可知,社会主义精神文明建设包括思想道德建设和教育科学文化建设,提升中华民族人民的道德素养,是建设社会主义精神文明的重要目标之一。邓小平指出"要加强各级学校的政治教育、形势教育、思想教育,包括人生观教育、道德教育"②,以便更好地提升大学生道德素质,建设社会主义精神文明,为改革开放和社会主义现代化建设提供精神动力和智力支持。而关于建设社会主义精神文明,提升大学生道修养,邓小平借鉴了中华优秀传统文化的相关资源,形成了"以史为鉴"的教育方式。具体表现为以下两个方面:

第一,邓小平告诫党员领导干部要有忧国、忧民、忧党的意识,借鉴中华优秀传统文化中"先天下之忧而忧,后天下之乐而乐"的家国情怀。邓小平对党员领导干部提出殷切希望,"要忧国、忧民、忧党"③,应以国家的兴旺繁荣为己任,时刻关注党和国家的命运,将国家和民族的利益、人民大众的利益置于首要位置,必要时不惜牺牲自己的利益,这是对我国古代仁人志士心系天下的担当精神和公忠体国思想的继承和发展。

---

①　邓小平.邓小平文选:第三卷[M].北京:人民出版社,1993:28.

②　邓小平.邓小平文选:第二卷[M].北京:人民出版社,1994:369.

③　同上书,第 222 页。

第二,邓小平倡导通过学习历史来培育青年的爱国精神和民族气节,继承和发展了中华优秀传统文化中以史为鉴、以史资政的优良传统。邓小平指出:"了解自己的历史很重要。青年人不了解这些历史,我们要用历史教育青年,教育人民。"①邓小平试图用我国的历史,特别是中国革命、中国共产党的历史,使青年人了解我国的路线、方针及政策制定实施的背景和依据,从而认识到"中国走资本主义道路不行,中国除了走社会主义道路没有别的道路可走。一旦中国抛弃社会主义,就要回到半殖民地半封建社会,不要说实现'小康',就连温饱也没有保证。所以了解自己的历史很重要"②。而在生活中,邓小平也自觉运用我国历史教育家人,比如1983年在杭州秦桧跪像前,邓小平给外孙、外孙女讲述历史故事,并教育他们:"英雄为后人所纪念,坏人为后人所唾弃。"邓小平的"以史为鉴"思想,积极有效地运用中华优秀传统文化相关资源进行道德教育,促进大学生道德修养的提升,从而为精神文明建设做出重要贡献。同时,充分证实中华优秀传统文化能够培育大学生的爱国为民情怀,激励其热爱祖国的情感,提高民族自尊心和民族自信心,为今后我们利用中华优秀传统文化资源提升大学生的道德修养提供有益启发。

①　邓小平.邓小平文选:第三卷[M].北京:人民出版社,1993:206.
②　同上。

四、习近平关于中华优秀传统文化道德价值思想

党的十八大以来,以习近平同志为核心的党中央领导集体,立足当前中国的新形势和新任务,以实现中华民族伟大复兴的中国梦为奋斗目标,提出培育和弘扬社会主义核心价值观必须继承和弘扬中华优秀传统文化,并在不同场合多次强调中华优秀传统文化对于发展高校思想政治教育,提升大学生道德水平的重要作用。

第一,中华优秀传统文化是涵养社会主义核心价值观的重要源泉。社会主义核心价值观与中华优秀传统文化一脉相承,这种一脉相承,既表现在其内容的继承和创新上,也表现在层次结构的趋同性上。在内容方面,习近平认为,社会主义核心价值观"传承着中国优秀传统文化的基因,寄托着近代以来中国人民上下求索、历经千辛万苦确立的理想和信念,也承载着我们每个人的美好愿景"①。在结构层次方面,习近平认为,"我们提出的社会主义核心价值观,把涉及国家、社会、公民的价值要求融为一体,既体现了社会主义本质要求,继承了中华优秀传统文化,也吸收了世界文明有益成果,体现了时代精神"②。因此,"中华优秀传统文化是中华民族的精神命脉,

---

① 习近平.青年要自觉践行社会主义核心价值观:在北京大学师生座谈会上的讲话(2014年5月4日)[N].人民日报,2014-05-05(2).
② 同上。

是涵养社会主义核心价值观的重要源泉"①。

第二,中华优秀传统文化可以为道德建设提供有益启发。我国具有悠久的德育传统,在其发展过程中,涌现了孔子、孟子、朱熹、王守仁等一大批教育家,构建了包含官学、私塾、书院等一整套完整的德育体系,即道德教育理念、道德教育内容、道德教育方法、道德教育经验等,正如习近平所指出的,"中华优秀传统文化的丰富哲学思想、人文精神、教化思想、道德理念等,可以为人们认识和改造世界提供有益启迪,可以为治国理政提供有益启示,也可以为道德建设提供有益启发"②。因此,充分认识、认真挖掘、吸收借鉴中华优秀传统文化,能够为我国道德建设的发展提供借鉴。

第三,中华优秀传统文化是中华民族人民丰厚的道德滋养。中华优秀传统文化中思想理念、价值观念和道德规范是最稳定、最核心的内容,其中的精华部分在现代社会依然闪烁着理性的光辉。习近平指出:"中华优秀传统文化中很多思想理念和道德规范,不论过去还是现在,都有其永不褪色的价值。"③因此,应系统梳理和充分发掘中华优秀传统文化中与现

---

① 习近平.在文艺工作座谈会上的讲话(2014 年 10 月 15 日)[N].人民日报,2015-10-15(2).

② 习近平.在纪念孔子诞辰 2565 周年国际学术研讨会暨国际儒学联合会第五届会员大会开幕会上的讲话(2014 年 9 月 24 日)[N].人民日报,2014-09-25(2).

③ 习近平.在文艺工作座谈会上的讲话(2014 年 10 月 15 日)[N].人民日报,2015-10-15(2).

代社会相适应的道德观念、道德规范方面的内容,将传统文化与时代精神相结合,采用老百姓喜闻乐见的形式,彰显中华传统道德思想的魅力,并在道德建设的过程中形成多方合力,将中华优秀传统文化融入人民的日常生活,以潜移默化的方式去引导人、塑造人,促进中华民族人民道德境界的提升和良好行为习惯的养成。

第四,习近平关于中华优秀传统文化道德价值思想,为新时期加强和改进高校思想政治教育指明了方向,为今后挖掘中华优秀传统文化中蕴含的思想观念和道德规范,将中华优秀传统文化运用到大学生道德教育实践中,促进中华优秀传统文化的创造性转化和创新性发展,提供了重要的理论支撑,同时也对新时代增强高校思想政治教育的针对性和实效性具有重要的启发。

第三节　国内学者的相关理论

一、季羡林关于传统文化与人生和谐论

季羡林认为,人生和谐最重要的是要处理好三个关系:一,人与大自然的关系;二,人与人的关系,也就是社会关系;三,个人内心思想、感情的平衡与不平衡的关系。而处理好这

三层关系要从中华传统文化中汲取营养。① 中华传统文化应以人为中心,用东方的整体着眼和普遍联系的综合思维方式②,与西方文化采用的分析的思维方式截然不同,因而中华传统文化在处理多方面关系,使其达到和谐的状态这方面,显然比西方文化更具有优越性。从人与自然的关系来讲,人要与自然做朋友,这样人与自然的关系才能和谐。恩格斯在《自然辩证法》中说:"我们不能过分陶醉于我们对自然界的胜利,对于每一次这样的胜利,自然界都报复了我们。"显然,征服自然最终只能遭到自然的报复。季羡林指出,中华文化在哲学上表现为"天人合一",具体讲就是人和大自然不是敌人而是朋友③,因此主张人要顺应自然规律去做事。季羡林借鉴"民胞物与"的思想,提出应对世间一切人和物怀有关爱之心,即使是自然界的动物、植物、昆虫也是人类的同伴,也要去关爱他们,这样才能达到人与自然和谐。

从人与人的关系层面看,人与人之间要遵守一定的规则,同时要牢记并奉行"真"与"忍"的原则。季羡林认为中华传统文化中"三纲六纪",规定了君臣、父子、夫妇、兄弟、姐妹、师长、朋友间的交往规则,其内容虽有不适宜现代社会发展要求的成分,但就其制定人类社会的交往规则这个层面看,却是有

　　① 季羡林.季羡林说和谐人生[M].北京:中国书店,2008.
　　② 季羡林.季羡林谈东西方文化:精装珍藏版[M].杭州:浙江人民出版社,2016.
　　③ 季羡林.季羡林说和谐人生[M].北京:中国书店,2008.

积极意义的。季羡林指出，人类自有社会以来，必然要有一种
规则来维系①，大家遵从规则去处理人与人之间的关系，彼此
才能和谐相处。而对于亲朋好友，应怀有一颗真诚之心，同时
要做到尽量容忍对方的缺点。季羡林"忍"的思想，来源于唐
朝张公艺"百忍"的典故。张公艺以"忍""孝"治家，九世同
堂、和睦相处，在其88岁高龄时所写的"忍"字歌中，用一百条
关于"忍"的短句，强调"忍"对于个人品格的养成以及人与人
之间和睦相处的重要作用。从个人层面来讲，季羡林指出，建
设和谐社会，首先是每个人都能做到内心和谐。②

　　同时，季羡林认为个人内心的思想感情的矛盾多来自私
心，唯有消灭私心才能达到内心平和。季羡林列举《礼记·大
学》的八条目，即"正心、诚意、格物、致知、修身、齐家、治国、平
天下"，从这八条目的逻辑关系中得出，唯有正心诚意方可格
物致知，进而提升自身的道德修养，逐渐达到齐家、治国、平天
下的目标，因而保持内心和谐对个人和社会都大有益处。季
羡林指出保持内心和谐的重要途径，即学习诸葛亮的"淡泊以
明志，宁静以致远"，抛开世俗的功名利禄，保持一颗宁静恬淡
的心，脚踏实地实现自己的远大理想。此外，季羡林认为人生
虽然是被动的、不可选择的，从古代的皇帝、大臣，以至于当下
的百姓，没有人拥有百分之百圆满的人生，但是人生却可以通
过自己的努力推动社会进步，为人类社会做贡献，因而是有价

---

① 　季羡林.季羡林说和谐人生[M].北京:中国书店,2008.
② 　同上。

值和意义的。

季羡林关于中华传统文化与人生和谐的思想，来源于其对中华传统文化的深刻理解，而且季羡林多引用中华传统文化中的例子论证自己的观点。季羡林的中华传统文化与人生和谐论，有助于人们树立正确的世界观、人生观、价值观，提高大学生的道德素质，促进人的全面发展。从这个方面来讲，中华传统文化中的思想观点、价值取向、道德规范，甚至是俗语、典故等，经过提炼和挖掘后，对于推进高校思想政治教育都具有重要意义和作用。

二、钱穆新亚书院道德教育论

钱穆对于中国传统文化有着炽热的情感，他在东西方文化比较研究中，批判"全盘西化"的思潮，认为中国传统文化无论是思想，还是管理制度和经验，都具有重要的价值。1949年，钱穆在香港九龙伟晴街租用了几间教室，以培养更多弘扬中国历史文化的中国人为目的，创办亚洲文商学院夜校，次年成为日校，定校名为"新亚书院"。新亚书院的办学理念，是在继承与发展中华传统文化精华的基础上形成的，体现了中华传统文化对于道德教育发展的有用性。

首先，新亚书院继承中华优秀传统文化中"德育为先"的教育理念，将人格教育视为第一位。钱穆在1956年1月的农圃道新校舍的奠基典礼上的讲话中指出，新亚书院的办学宗

旨第一在人格教育,第二在知识教育,第三在文化教育。① 钱
穆认为,儒家的人生观为"太上立德,其次立功,其次立言",教
育的主要意义在于教人如何做人。② 因此他反对青年求学只
为获得几项技能,以便将来在社会上谋求一份好职业的想法,
认为德行重于职业,人格教育比知识教育和技能教育对于个
人和社会的影响更加深远。为彰显新亚书院对于人格教育的
重视,培养学生的良好品德,钱穆主张以《中庸》中的"明诚"作
为新亚的校训。其次,在新亚书院中孔子的地位极其崇高,被
视为道德修养的楷模。新亚书院把孔子的诞辰作为校庆日,
尊崇孔子为中华传统文化的象征,主张学生以孔子为榜样,学
习他在《论语》中所阐述的做人道理,以此培养学生高尚的品
行。钱穆认为孔子是"圣之时者",孔子思想里的主要原则,仍
可运用来适应我们的今天。③ 再次,新亚书院弘扬中华优秀传
统文化中的"师道"传统,重视授课教师的个人品德。在我国
古代,教育最突出的表现形式是人与人之间的传道,教师之所
以能够吸引学生从四方云集,甚至不远千里前来求学,不仅是
靠所掌握知识的多少,更多的是靠人格魅力。因此,中国古代
教育自其产生后,就开始形成为师之道,其基本精神就是教师
要做到德才兼备。钱穆认为,中国人重视教育,不重在学校与

---

① 钱穆.新亚遗铎[M].北京:生活·读书·新知三联书店,2004.
② 钱穆.国史新论[M].2 版.北京:生活·读书·新知三联书店,2005.
③ 钱穆.新亚遗铎[M].北京:生活·读书·新知三联书店,2004.

其所开设之课程,而更重在师资人选①,教师的个人品德会对学生产生耳濡目染的影响,对于培养学生的道德品行具有至关重要的作用。因此,新亚书院对于任课教师的重视程度远胜过对学校场地的重视程度,聘任教师时要对教师的德行和学术知识进行严格考查。

钱穆认为,只有对本国历史文化有所了解的人,才算得上一个有知识的国民,否则只能算是一个有知识的人。② 新亚书院的办学理念,其实质是就是以中华传统文化为依托,致力于培养出真正的中国人。这种教育具有深厚的文化内涵与历史积淀,具有强烈的感召力,容易得到学生的接受和认可。新亚书院办学理论与实践证明,以中华优秀传统文化为依托,有助于提升高校思想政治教育的实效性。

三、冯友兰抽象继承中华传统文化论

所谓"抽象继承法"是指冯友兰对待历史文化遗产的态度。20 世纪五六十年代,苏联领导人日丹诺夫提出,哲学史也就是唯物主义与唯心主义斗争的历史。受到这种观点的影响,我国学术界普遍认为,只有唯物主义是服务于进步阶级的,是对于现代社会有进步意义的,是可以学习和继承的,而一切唯心主义都是服务于落后阶级的,会阻碍社会发展。

① 钱穆.国史新论[M].2 版.北京:生活·读书·新知三联书店,2005.
② 钱穆.国史大纲(全两册)[M].北京:商务印书馆,2010.

这样一来,博大精深的中华哲学思想史就变成了断断续续的唯物论发展的历史,能够借鉴和学习的东西十分有限。针对这一现象,1957 年 1 月 8 日,冯友兰在《光明日报》上发表《中国哲学遗产的继承问题》,提出要运用超越阶级性的整体思维方式理解和继承中华传统文化,即继承中华传统文化的抽象意义(普遍意义)。冯友兰指出:"在中国哲学史中有些哲学命题,如果作全面了解,应该注意到这些命题底两方面的意义:一是抽象的意义,一是具体的意义……我们应该把它底具体意义放在第一位,因为这是跟作这些命题的哲学家所处的具体社会情况有直接关系的。但是它底抽象意义也应该注意,忽略了这一方面,也是不够全面。"①冯友兰在文章中以"学而时习之,不亦说乎"为例,认为其具体意义是孔子劝导人们学习诗、书、礼、乐,而抽象意义指的是经常去温习学习过的东西,会给我们带来快乐。冯友兰认为,由于学习内容的变化,这句话的具体意义我们无须践行,但是这句话的抽象意义对于我们现在的学习依然具有指导性意义,应对其加以继承。

　　此后,学术界多次召开学术会议对冯友兰的观点进行讨论,并将其观点称为"抽象继承法"。为了更好地阐述其观点,避免学者误解,冯友兰于 1957 年在《哲学研究》上发表《再论中国哲学遗产底继承问题》,将"抽象意义"与"具体意义"改

---

　　①　冯友兰.中国哲学遗产底继承问题[N].光明日报,1957-01-08.

为"一般意义"与"特殊意义"。冯友兰指出:"每一个民族,特别是有悠久历史的民族,都积累有一个知识底宝库。在历史发展底阶段中,各阶级底人,在进行思想斗争底时候,都尽可能从这个宝库中取得一部分的思想,利用这些思想为自己底阶级要求作理论的依据,把它作为自己底斗争武器底一部分。"①也就是说,冯友兰肯定各民族的文化遗产中存在超越阶级的人类普遍思想。

冯友兰以"抽象继承法"理论为依托,将道德分为"可变道德"和"不变道德"两部分,注重挖掘中华传统文化中蕴含的具有恒常性方面的道德内容。冯友兰指出:"有些道德是跟着社会来的,只要有社会,就得有那种道德,如果没有,社会就根本组织不起来,即使暂时组织起来,最后也要土崩瓦解。有些道德是跟着某种社会来的,只有这一种社会才需要的,如果不是这种社会,就不需要它。前者我称之为'不变的道德',后者我称之为'可变的道德'。我的企图并不是要把封建时代统治阶级的'一套'道德'都'当作不变的道德;正好是相反,我的企图是要把中国封建时代统治阶级的一套道德,加以分析,看看哪些是随着封建社会而有,所以是可变的,哪些是随着社会而有,所以是不变的。所谓不变,也并不是专靠什么人说的,靠的是它本身的作用,谁要硬要变它,谁的社会就有土崩瓦解之虞。"②比如说"忠"与"孝"的概念,封建社会中的"忠",虽然也

---

① 冯友兰.再论中国哲学遗产底继承问题[J].哲学研究,1957(5):73.
② 冯友兰.三松堂自序[M].长春:长春出版社,2017:186.

有对于国家的忠诚,但更多的是强调对于封建君主的忠诚,而"孝",不仅包括对父母的尊敬和赡养,更包含了诸如选择配偶要遵从"父母之命,媒妁之言",父母在时要"晨昏定省",父母死后要回家服丧三年,在这期间不能做官、应酬,甚至不能洗澡、理发等。根据冯友兰的"抽象继承法",我们应抛开封建社会"忠"与"孝"的具体内容,从中提炼出对国家忠诚和对父母关爱的精神,而这种精神在任何社会、任何时代都应适用。

由此可知,冯友兰的"抽象继承法"为中华传统文化的继承,尤其是为中华传统文化中包含的哲学思想、道德规范的继承开辟了新的途径。同时,运用"抽象继承法",能够更加深刻地认识中华传统文化的价值,尤其是中华传统文化中所蕴含的在任何社会、任何时代都适用的"不变道德"对于现代社会的道德教育和道德建设的积极作用。

第四节　国外学者的相关理论

一、赫钦斯永恒主义教育论

永恒主义(eternalism)产生于 20 世纪 30 年代,又被称为"古典主义""新经院主义""古典人文主义"等,是针对西方过重的职业教育使人丧失理性的弊端而产生的一种复古主义教育理论。永恒主义理论以柏拉图、亚里士多德等人的哲学观点为基础,认为宇宙中存在一种不受时间、空间影响的永恒理论,只有真正掌握永恒理论,才能消除由于经济危机所导致的社会乱象。而教育的目的不是让人掌握某种适应社会的技能,而是要让人们掌握这项永恒的真理,并将这种真理用于认识世界和改造世界的过程中,发展人永恒的理性、道德和精神力量。这种真理不存在于现代科技中,而是存在于哲学、历史、文学、宗教等人文学科之中,存在于经历时间的洗礼却依然为世人所认可的经典著作当中。

美国著名教育家赫钦斯(Robert Maynard Hutchins)是永恒主义最具代表性的人物,著有《美国高等教育》《理想的大学》《学习化社会》等。赫钦斯认为传统是教育的根本,指出要受教育者的天才或智慧真正进步,就必须先掌握传统。同时赫钦斯十分重视古典名著对于培养人品德的重要作用,认为名著是古今人类智慧的结晶,是开展教育的丰厚资源。学生学习名著就能够全面了解文化传统,博古通今、知识渊博,进而收获真实的知识、纪律和美德,成为"完人"。1929 年,赫钦斯担任芝加哥大学校长后,开始在芝加哥大学推行"名著阅读计划",这是赫钦斯对其理论的初步尝试,此时他并未系统梳理和编纂名著阅读篇目,也未对各年级阅读名著的目录进行详细规定。1937 年,赫钦斯担任了马里兰州圣约翰学院的兼职董事,在圣约翰学院推行"圣约翰教学计划",将古典名著视为大学期间最重要的学习内容,名著课程成为大学生的必修科目,同时对各年级需要阅读的名著篇目做系统详尽的规定。

"圣约翰学院的名著课程共列出了自古至今八十五名作家的近一百四十本著作,另外还有《圣经》及宪章、历史性文献共四篇。"①此外,以赫钦斯为首的专家学者对圣约翰学院名著课程所涉及的古典名著进行系统整理,并将其编入"西方世界经典著作"丛书中,丛书保留了名著的精华部分,并能够指导读者随着学习经验的增加,循序渐进地阅读名著章节。赫钦斯认为教育的目的在于帮助人类发展智性,教育制度的设计也应服务于此目的。由此可知,赫钦斯推行"名著阅读计划"并非是为了培养大学生的专业技能,而是希望大学生从阅读名著中获得正确的世界观、人生观、价值观,培养学生的综合素质,使其成为美德与智慧兼备的"完人"。赫钦斯的教育理论大力主张阅读经典名著,在一定程度上忽视了现代科学技术在社会发展中的作用,割裂了社会发展的需要和人类发展的需要二者之间的关系,但其对古典名著在培育人文精神、提升道德境界方面的肯定,为当前挖掘传统文化价值推进高校思想政治教育提供了理论支撑。

二、马里坦新托马斯主义教育论

"在现代西方哲学中,新托马斯主义是一种流行较广、影响较大、时间较久、具有世界影响的宗教哲学,被称为'三驾马

---

① 洪明.赫钦斯教育思想述评[J].福建师范大学学报(哲学社会科学版),1989(3):128.

车'（实证主义、存在主义、新托马斯主义）之一。"①新托马斯
主义是天主教公认的官方哲学，20 世纪 30 年代产生于意大
利、法国等西欧国家。

新托马斯主义的代表人物是法国著名哲学家、教育家马
里坦（Jacques Maritain），其代表作为《宗教与文化》《现代世界
中的自由》《存在与存在者》《理性的范围》等。

19 世纪 50 年代以后，自然科学的巨大成就，使宗教进一
步暴露了自己的虚妄。为了维护宗教权威，维护教会地位，宗
教不得不对科学做出一定的妥协，在这种社会背景下，马里坦
以托马斯·阿奎那的经院哲学为理论根基，提出"完整的人道
主义"，又称为"以神为中心的人道主义"理论，试图调和宗教
与科学的关系。马里坦在一定程度上承认科学的作用，但依
然将宗教视为指导一切的真理，认为宗教能够引领科学的发
展。同时，面对当时社会的信仰危机和道德危机，马里坦试图
从宗教中探索解决的方法，他倡导"人们要拥有高尚的道德情
操，主张平等、正义、和睦和兄弟般的爱，反对仇恨、嫉妒、欺诈
和不正义的行为。他教导人们要尊重人格、尊重生命、尊重贫
困、尊重妇女的尊严和婚姻的神圣，同时要求人们热爱工作和
自由，认为不同的个人和种族在上帝面前都是平等的"②，并将
上帝视为人生的终极关切和道德的最高依据，认为只有宗教

---

① 吴宗英.现代西方新托马斯主义[M].福州：福建人民出版社,1988:1.
② 陈麟书,田海华.神圣使命：重读马里坦[M].成都：四川人民出版社,
1997:81.

才能令世人摆脱对于财富、情欲的追求,克制贪婪、放纵、自私
的本性,建立人与人之间的沟通,学习宗教经典,并将基督教
经典作为大学的选修课,建立"精神生活学校",使对精神生活
感兴趣的人能够学习更高层级的宗教知识,在此进行冥想训
练等,最终实现人格完善。此外,马里坦认为通过人文学科和
自由艺术的学习也可以促进个体道德的完善。马里坦指出:
"阅读但丁(Dante)、塞万提斯(Cervantes)、莎士比亚(Shake-
speare)、帕斯卡(Pascal)、拉辛(Racine)、孟德斯鸠(Montes-
quieu)、吉朋(Gibbon)、歌德(Goethe)、陀思妥耶夫斯基(Dosto-
evski)等人的著作,这些都能为心灵提供自然美德、荣誉和同
情、人类和精神的尊严等方面的感受和知识,通过阅读使心灵
了解人类命运之伟大、善与恶之盘根错节,以及人类无限的潜
能,这种阅读比任何自然伦理学课程都更能把人类的道德经
验传达给青年。"①受马里坦的影响,新托马斯主义者认为,阅
读经典著作"不仅可以获得道德美感和道德知识,而且能了解
人类的道德经验,从而产生荣誉感、怜悯心、尊严感等良好德
行"②,并力图控制遍布世界各地的教会学校和少数具有教会
背景的高等院校,推行自己的教育理论。雅克·马里坦试图
调和科学与宗教的关系,在教育上表现为既承认科学的作用,

---

① 马里坦.教育在十字路口[M].高旭平,译.北京:首都师范大学出版社,
2010:79.

② 洪明.新托马斯主义教育思想探析[J].福建师范大学学报(哲学社会科
学版),1998(1):113.

但又将宗教的地位置于科学之上,试图用宗教思想指导科学的发展,这不仅是错误的,还是有害的。在道德教育方面,以宗教来恢复资本主义的秩序,并不能从根源上解决问题。不过,其提倡利用宗教的经典著作以及人文学科的其他经典著作使受教育者掌握道德知识,进而培育良好道德品行的做法,对于道德教育的发展具有借鉴意义,也为我国利用中华优秀传统文化的经典著作进行高校思想政治教育提供了重要启示。

三、尼康德罗夫民族文化教育论

苏联解体后,旧的道德秩序被推翻,俄罗斯道德秩序陷入混乱,道德教育体系遭到毁灭性的破坏,加之西方价值观念的渗透,俄罗斯大学生逐渐抛弃传统的思想道德,转而崇尚西方的实用主义、享乐主义价值观,社会各阶层道德水平显著下降。针对这一现象,俄罗斯著名教育学家、俄罗斯教育科学院前院长尼康德罗夫(N.D.Nikonderov)于 1996 年、1997 年和 2000 年相继出版专著《具有重要价值的教育:俄罗斯模式》《俄罗斯:世纪之交的社会珍品》和《俄罗斯:千年之交的社会化与教育》,阐明道德教育与俄罗斯民族文化的关系,主张从俄罗斯传统文化中寻找精神营养,将以东正教为基础的俄罗斯传统文化教育作为道德教育的重要内容,认为只有了解和尊重本国的历史、文化、宗教传统,才能使受教育者形成爱国主义等道德品质,进而形成俄罗斯大学生身份的认同感。受其道德教育观点的影响,俄罗斯政府陆续颁布《俄罗斯学校道德教育发展纲要(1999—2001)》《俄罗斯公民精神道德发展与教育构想》等一系列教育文件,主张全面实施以个性导向、人道主义、爱国主义、民族文化为主要内容的俄罗斯精神道德教育,培养俄罗斯大学生的爱国情感和道德品行,重构俄罗斯的道德教育体系,恢复俄罗斯的道德秩序。俄罗斯社会的许多教育工作者、医学工作者、心理学家都积极参与世俗伦理基础课程教材和大纲的编写,使教材不仅能传播俄罗斯的民族文化传统,而且非常符合学生的身心发展要求,课程自实施以来得到了学生和家长的充分肯定。

为了整顿苏联解体造成的道德秩序混乱现象,俄罗斯人意识到:必须有一个共同的道德、价值和生活思想体系,如诚实、忠诚、自我牺牲精神、服务精神、爱。因此,俄罗斯人开始试图利用本民族的历史、文化,特别是东正教文化,开展高校思想政治教育,尤其关注青少年学校道德教育,将文化作为青少年学校道德教育内容的重要组成部分。虽然改革后的俄罗斯高校思想政治教育在实施的过程中存在着诸如理论模糊、体系不健全、易产生群体分化等问题,但绝大多数家长支持开设文化与世俗伦理基础课程,充分肯定了俄罗斯道德教育改革所取得的成绩。在尼康德罗夫的呼吁和俄罗斯政府的大力支持下,俄罗斯人意识到本民族文化对俄罗斯道德教育的重要作用,在提升俄罗斯人道德水平方面取得初步成绩。尼康德罗夫的道德教育理论与俄罗斯政府的道德教育改革和实践为其他国家和民族利用本民族传统文化开展道德教育提供了可借鉴的经验。

第三章　中华优秀传统文化融入高校思想政治教育价值元素

在五千多年发展过程中孕育的中华传统文化,蕴含着大量有益于高校思想政治教育的元素。本文从理念、内容、方法三个层面,系统梳理中华传统文化在高校思想政治教育中的价值元素,有助于中华优秀传统文化在高校思想政治教育中价值的实现,切实提升大学生道德教育的实效性。限于篇幅,本章仅就中华优秀传统文化中最具代表性的价值元素进行分析论述。

第一节　中华优秀传统文化蕴含高校思想政治教育的理念

中华优秀传统文化在自身形成与发展的过程中,逐步形成了具有中华民族特色的思想观点,这些思想观点对于当代高校思想政治教育依然具有借鉴意义,是提升大学生道德教育实效性的重要思想文化资源。在高校思想政治教育中,借鉴与吸收中华优秀传统文化中"以人为本""有教无类""情理

融通""知行合一"的理念,有助于促进大学生道德教育现状的
优化,实现高校思想政治教育的发展。

一、"以人为本"的人文关怀

"以人为本"一词,最早出现于春秋时期《管子·霸言第二
十三》:"夫霸王之所始也,以人为本。本理则国固,本乱则国
危。"文中的"以人为本"指的是以民为本,管子认为在封建君
主专制制度下,只有使人民丰衣足食、安居乐业,政权才能稳
固。管子提出的"以人为本",其实质是讨论君与民的关系,是
为维护封建君主统治而服务的,是我国民本思想的开端。而
本文提出的"以人为本"是处在马克思主义哲学语境下的概
念,指的是在尊重和肯定人的独立人格的基础上,满足人生存
和发展的需求,从而促进人的全面发展,"在思考和解决一切
问题时,都要把尊重人、解放人放在首位,要以人为目的"①。
中华优秀传统文化的基本精神是以人为主的,主要以人为中
心探讨人与自然、人与社会、人与自身的关系,体现出一种关
注于现世的人伦生活的倾向。"以人为本"的人文关怀理念,
具体而言主要表现为以下三个方面。

第一,强调人的独立人格。"在中国古代哲学中存在着独
立人格的思想启蒙,主要表现为个体具有独立意识,不受外界

---

① 张传开.论"以人为本"及其与人本主义的关系[J].学术界,2005(2):30.

势力的压制与束缚。"①孔子曾说:"三军可夺帅也,匹夫不可夺志也。"肯定每一个人都具有独立人格,不会轻易改变。孟子提出只有能够保持自己的人格独立,坚守做人原则,不屈从于任何外在的力量,"富贵不能淫,贫贱不能移,威武不能屈",才是真正的"大丈夫"。庄子用神龟做比,以"吾将曳尾于涂中",拒绝接受楚威王做官的邀请,以回归自然的方式,保持自身独立的人格。魏晋时期,以嵇康、阮籍为代表的竹林七贤,追求独立人格,具有反传统、反世俗、反权贵的精神,主张按照自身意愿实现自己的人生价值。李贽肯定人自然的性情、提倡人格独立,认为不为"道学""义理"污染的"童心"才是最可贵的。汤显祖在《牡丹亭》中,倡导"为情而生、为情而死",赞美人的独立人格,认为无论是礼教还是生死,都不能限制人对于爱情、自由的追求。曹雪芹的《红楼梦》描述古代女子在封建制度下备受摧残的现状,由于礼教和封建婚姻制度,古代女子的命运呈现出"千红一窟""万艳同杯"的结局,表达了当时社会女子对于人格独立的向往和追求。

第二,尊重人的主体地位。"所谓人的主体地位,是指人在与自然界关系中的一种位置,即在这种关系中,人是主体,自然界是客体。"②中国古代的先哲们认为,人是天地宇宙中的

---

① 冯晓坤.孟子的独立人格精神及其当代价值[J].沈阳工程学院学报(社会科学版),2013(1):23.

② 张兴国.可持续发展与人的主体地位[J].北京大学学报(哲学社会科学版),2003(2):27.

核心,人有一种特殊的力量,能够建立美好的社会。北宋理学家张载认为只有人才能够"为天地立心,为生民立命,为往圣继绝学,为万世开太平"。道家代表人物老子提出"道法自然",认为自然有其存在的规律,而人只有更好地尊重自然规律,以"无为"的方式顺应自然规律,才能够从自然中顺利获得生产和生活资料,这也从另一个侧面表达了只有人能够发现和认识自然界的规律,并能够利用自然界的规律办事,以达到自己的目的的观点,体现了人的主观能动性。

第三,重视现世人伦生活。"中国人把文化的重点放在人伦关系上,解决人与人之间怎样相处。"①中华优秀传统文化更多探讨的是现实的社会问题。孔子认为如果人世间的事情都没处理好,就来研究鬼神的事情,是舍本逐末,因此有"子不语怪,力,乱,神""未知生,焉知死"的观点,提倡世人应关注现世生活,解决社会问题。荀子认为"日月食而救之,天旱而雩,卜筮然后决大事,非以为得求也,以文之也。故君子以为文,而百姓以为神",儒家认为对于因日食、月食、天旱等自然现象进行祭祀,并不是相信鬼神的存在,相信祭祀所带来的效果,而是为了稳定人心,对于国家大事的占卜也是如此,是为了让百姓能够支持国家政策。汉代的仲长统则更明确地提出"人事为本,天道为末"的观点,提倡关注现世生活。不仅仅是中国古代思想文化,就连中国古代对社会影响较大的宗教——儒

---

① 梁漱溟.中国文化要义[M]//中国文化书院讲演录编委会.论中国传统文化.北京:生活・读书・新知三联书店,1988:137.

教,也同样表现出重视现世人伦生活的特点。汉代的董仲舒将儒家道德伦理思想灌输进宗教的框架结构与宗教教义,形成教义完备、祭祀规范的儒教。儒教以孔子为师,以解决社会政治问题为旨归,宗教的神秘色彩能够使百姓对儒家教义有敬畏之心,使政权更加稳定。

第四,满足人生存和发展的需求。中华传统文化重视和关注人民的生存和发展,比如管仲提出"仓廪实则知礼节,衣食足则知荣辱",认为只有满足人的基本物质需求,才能够产生精神层面的追求;孟子重视人民的生活,主张"制民之产,必使仰足以事父母,俯足以蓄妻子,乐岁终身饱,凶年免于死亡";墨子认为,人与人之间应"兼相爱,交相利",对于各国之间互相攻伐,破坏人民生产生活的行为深恶痛绝等。中华传统文化中具有"重民""安民""富民"的思想,虽然这些思想都是为稳固封建统治而服务的,但也从侧面反映出中华传统文化重视满足人生存和发展需求的一面。

"以人为本"的思想理念能够使高校思想政治教育在实施过程中,坚持尊重人、关心人、理解人、鼓舞人的原则,实现高校思想政治教育的社会价值与个体价值统一。

第一,"以人为本"的思想理念,能够使高校思想政治教育关注人的个体生命状况。"以人为本"的思想应用于高校思想政治教育中,促使高校思想政治教育能够始终把关爱生命视为道德教育的主题和要求。教育内容应在启发与回溯受教育者生活经验的基础上,挖掘与提炼生命的意义关联,体现生命与成长的价值所在。让受教育者在人文精神的熏陶下，以成熟而健康的心智追求完美的人生，以理性思维与情感灵动来润泽生命。

第二，"以人为本"的思想理念，能够使高校思想政治教育尊重人的个体差异。高校思想政治教育的对象是人，这里的人并不是抽象意义上的人，而是每一个具体的有血有肉的人。"道德的真实存在以个体的认可和自觉的服膺为前提，那么，那种认为可以不关注人的内在心向和自主意志，道德可以单独存在的观点就是错误的。"①因此，教育者应平等地对待每一位受教育者，了解其个性、尊严、需要、意愿，尊重每一位受教育者的个体差异，将每个教育对象视为个性化、生活化、多元化、自主性的个体，根据受教育者的不同生活经历和道德素养，有针对性地进行教育，重视受教育者，加强教育者与受教育者之间平等的沟通交流，提升其自我教育、自我管理、自我约束的能力，加快道德内化的过程，提升高校思想政治教育的实效性。

第三，"以人为本"的思想理念，能够使高校思想政治教育关注人的生存与发展。道德的主体是人，道德的根基在于人的实践。在"以人为本"思想理念的指导下，高校思想政治教育以人为根本出发点，以符合人身心发展规律、贴近人社会生活的方式进行道德教育。这就意味着，高校思想政治教育不

---

①   戚万学，唐汉卫.以人为本的道德和以学生为本的道德教育[J].中国教育学刊,2003(1):8.

仅仅局限于道德规范的讲解,同时会更加侧重于以灵活多样、针对性强的道德实践活动培育人的道德品行。丰富多彩的道德实践活动,不仅能够潜移默化地培育人良好的道德品行,同时能够促进人综合能力的全面提升。因此,"以人为本"的思想理念应用于高校思想政治教育过程中,必将使人的身心发展得到应有的关注,人的尊严和价值得到广泛认可,人的社会实践能力得到充分的提升,促进受教育者得到全面而充分的发展。

二、"有教无类"的平等施教

"有教无类"一词最早见于《论语·卫灵公》,是孔子提出的一种人人平等的教育理念,反映出孔子施教的基本态度。根据对"类"字的不同解释,"有教无类"主要有以下两个层面的意思。

第一,"类"指贵贱,即无论是贵族,抑或是平民都可以接受教育。孔子兴办私学之前,社会在"学在官府"的教育理念的影响下,只有贵族子弟才有接受教育的权利。而随着周王朝礼乐制度的瓦解,周王朝逐渐失去对各诸侯国的控制,各诸侯国为增加国家实力,纷纷兴办"官学"招揽人才,此时选拔人才的范围扩大,部分平民开始接受教育,教育开始向平民化发展。在这样的历史条件下,孔子主张兴办私学,招收平民弟子。他认为"学而优则仕",教育是培养人才的重要途径,同时提出"为政以德,譬如北辰,居其所而众星拱之",主张以道德教化为治国的原则,强调教育,尤其是道德教育对于维护政权稳定具有重要作用。因此,孔子招收弟子不看他的家庭出身,无论是贵族,还是平民,只要有心向学,都可以成为他的学生,接受教育。孔子的这种举措扩大了教育对象的范围,为平民子弟提供了求学的机会。此外,孔子教育学生,只收取微薄的学费,提出"自行束脩以上,吾未尝无诲焉"。束脩指的是十条干肉,即拜师的见面礼,但这份见面礼在当时是十分微薄的,因此可见只要诚心拜师,有心接受教育的学生,孔子都会收他做弟子,对其进行教育。

　　第二,"类"指善恶,即无论品行是善是恶,都可以对其进行教育。孔子的弟子里,有品行和资质较好的,如颜回,孔子认为颜回有品行,却又不张扬,"用之则行,舍之则藏",给予他很高的评价。同时,孔子的弟子中也有品行较差的,如公冶长曾经坐过大牢,颜涿聚曾经做过大盗。孔子认为有的人之所以品行较差,是因为缺乏社会生活所需要的知识、能力,同时孔子肯定教育对塑造品行的巨大作用,曾言"性相近也,习相远也",意思是人的性情本是相近的,只是因为习染不同,便渐渐相差甚远。因此,无论弟子在接受教育之前品行如何,孔子都会耐心对其进行引导,积极对其进行教育。无论学生出身于贵族或是平民,无论学生在受教育前品行是好还是坏,无论学生年长或年幼,无论他们来自中原或是四夷,孔子都对其一视同仁、热心教诲。孔子弟子三千,来自鲁、齐、卫、晋、宋、陈、蔡、秦、楚等国,其中只有少数贵族子弟和商人子弟,而大多数弟子过着清贫的生活,孔子最中意的弟子颜回身居陋巷,甚至连棺材都买不起。孔子打破周礼施教于贵族的原则,用其行动践行"有教无类"的思想。

继孔子之后,墨子、朱熹、王守仁、颜元和李贽继承发展了"有教无类"的思想。墨子同孔子一样,奉行"有教无类"的思想。墨子认为人与人之间是平等的,每个人的人性都如同素丝,"染于苍则苍,染于黄则黄,所入者变,其色亦变……故染不可不慎也"。因此,墨子认为人人都有受教育的权利,提出"有道肆相教诲"的观点,即凡是有学问的人,都应随时随地不拘形式地教诲他人或彼此相教,并且应积极主动去教育他人,"上说王公大人,次说匹夫徒步之士""虽在农与工肆之人,莫不竞劝而尚意",大力推行平民教育。南宋的朱熹一生中大部分时间致力于私人讲学,建立寒泉精舍、武夷精舍、沧州精舍等,广收门徒,传播理学,认为"自天子至于庶人,无一人之不学",人人都应该受到教育。明朝中期的王守仁,在从政之余进行讲学,肯定"人人皆可为尧舜"的观点,认为每一个人都有接受教育的权利和必要。王守仁的弟子在会试之后于途中向人传授其学说,却遭到质疑,王守仁探究其原因,认为造成这种现象的原因,并不是路人的理解能力差,不能够被教育,而是因为弟子讲解的方式不正确,他说:"你们拿一个圣人去与人讲学,人见圣人来,都怕走了,如何讲得行。须做得个愚夫愚妇,方可与人讲学。"不仅仅是路人,就连未开化之地的村民,王守仁也会对其进行教育。在他被贬官到偏僻的龙场时,还在为当地的人们尽心讲学,促进当地的民风开化。清代的教育家颜元一生从事教育工作,致力于扩大教育的范围,其学生的社会成分复杂、年龄差异巨大、民族众多。

"有教无类"思想体现的是中华民族对于平等受教育权利的肯定。大学生道德教育从本质上讲,是以现代社会人与人之间的契约关系为依托的"平民教育",高校思想政治教育并不是面向某一类特殊群体的教育,其教育对象涵盖全体大学生。然而,由于社会发展不平衡和资源配置不合理,加之教育对象覆盖面广、年龄跨度大、素质参差不齐等原因,高校思想政治教育区域发展不平衡。即使是在同一地区内部,也存在着不同社会群体以及不同年龄阶段高校思想政治教育资源分配不平衡的问题,致使大学生受教育的质与量差异显著。因此,"有教无类"思想,对于推动高校思想政治教育的全面普及,促进高校思想政治教育平衡而充分的发展,具有重要意义。

第一,"有教无类"思想有助于推动高校思想政治教育的全面普及。"有教无类"思想的目标是保证所有有心向学和需要学习的人均能受到教育,蕴含了普及教育的精神萌芽。当前的中国社会,道德在不少人心中正失去昔日的光辉与价值,人们对于是非、好坏、善恶的判定正逐渐向实用主义靠拢,具有功利化的倾向,不道德甚至是反道德的思想日渐滋生。此外,现代社会公共生活领域不断扩大,行业之间的合作日益增加,人与人之间的交往逐步密切。高校思想政治教育对于大学生在社会生活、工作生活、家庭生活中和谐人际关系、实现自身价值、保持心理平衡具有重要作用。由此可知,高校思想政治教育是现代社会大学生培养良好道德品行、抵制社会不良风气、促进自身和谐生存和全面发展所必需的教育。"有教无类"的思想理念提倡使所有乐于接受教育和必须接受教育的人接受教育,而大学生道德教育正是全社会大学生所必须接受的教育。因此"有教无类"的思想理念是推动大学生道德教育全面普及的坚实理论支撑。

第二,"有教无类"思想有助于高校思想政治教育资源合理配置。我国幅员辽阔,区域之间、城乡之间、校际之间发展不平衡,客观上造成了教育资源分配不均。这里指的教育资源,不单单是教育投入、教育设施等硬件资源,同时包括师资水平、教学质量等软件资源。总体上讲,经济发展水平决定着教育资源的分布,公立教育资源、市场化的教育资源均优先向大城市、重点学校倾斜,高校思想政治教育的资源也不例外。高校思想政治教育的资源分配不均,是大学生道德品行地区间差异的重要原因之一,严重影响大学生对于自身发展的预期。"有教无类"的思想理念较之"学在官府",从根本上扩大了教育对象的范围,使人人都能够享有受教育的权利。更进一步讲,"有教无类"的思想理念使教育资源不再是贵族独享,而成为人人共享,涵盖着教育资源平等、均衡分配的内涵。"有教无类"思想理念,有助于改变当今社会教育资源不平等、不均衡分配的现状,促进高校思想政治教育资源的合理配置。

第三,"有教无类"思想有助于高校思想政治教育践行平等施教的原则。"有教无类"思想,体现的是学生无论求学之前是善是恶,品行是好是坏,老师会对学生一视同仁地加以引导和教育,不会剥夺任何人的学习机会,也不会心存偏见,在施教过程中歧视学生。"有教无类"思想理念应用于高校思想政治教育中,能够规避隐性不公平的教育现象,使受教育者不因为资质、贫富、性别、种族、出身、经历等原因在教育过程中受到不公平的对待,能够保证所有的受教育者都得到最大限度的尊重。毋庸置疑,只有受教育者个体在教育过程中得到充分的尊重,才能激发其自我实现的愿望和追求良好道德品行的内在诉求。因此,"有教无类"的思想理念,能够使高校思想政治教育践行平等施教的原则,使教育者平等对待每一位受教育者,从而充分调动受教育者培育良好德行的积极性和主动性,理解、认同并遵循社会约定俗成的道德规范,不断提升自身的道德修养。

三、"情理融通"的统一认知

"情理融通",是中华传统文化所特有的概念。西方文化中,从柏拉图到黑格尔,理性主义与感性主义保持着二元对立、相互分裂的思想格局。而中华传统文化中却蕴含着"情理融通"的理念,即"情"与"理"在一定条件下能够相互协调、彼此平衡、共同促进、和谐共生。"情理融通"理念中,"情"指的是人本能的情绪或情感,人的喜、怒、哀、惧、爱、恶、欲,皆属于

"情"的范畴;"理"指的是天理或理性,"主要是一种实践理性、道德理性,它是基于人性、人情基础上的情理,因而具有某种特殊性、人情情境的多变性和权宜性。"①由于中国古代社会是以血缘亲族关系为基础,以家庭和家族为组织形式的封建宗法社会,这就导致中国古代封建社会通过姻亲关系形成一种"大"家庭的观念,促使中国人产生"情"与"理"并存的思维逻辑和处事方式。在此基础上产生的中华传统文化,体现着"情"与"理"兼顾并融的精神。

中国的先哲们认为,"情"与"理"并不总是矛盾对立的,"情"的某些部分不但不与"理"相冲突,反而能够辅助"理"的培养,使"情"与"理"相互促进、和谐共生。孔子将"仁"视为调整人与人之间关系最基本的道德准则,同时也强调"仁者,人也",意即"仁"发源于人最朴素的情感。"樊迟问仁。子曰:爱人。"孔子指的"爱人"是一种作为人的情感表达,意即只有发自内心地关爱他人,才能够达到"仁"的境界。更具体地讲,孔子认为"己欲立而立人,己欲达而达人。能近取譬,可谓仁之方也已",这里的"立人""达人"都要根据自身情感的好恶,去推测他人的喜好,体现出"情"与"理"的融合。孟子认为仁、义、礼、智这四种道德品质是由人的情感孕育而生的。孟子提出"恻隐之心,仁之端也;羞恶之心,义之端也;辞让之心,礼之端也;是非之心,智之端也",即恻隐、羞恶、辞让、是非这四种

---

① 肖群忠.中庸之道与情理精神[J].齐鲁学刊,2004(6):7.

情感是仁、义、礼、智的萌芽,因此称其为"四端"。戴震提出"理存于欲"的观点,认为"无过情无不及情之谓理",在中华传统文化中,人们通常将"情"与"理"联系起来,如用"通情达理"褒扬人能够在为人处世时,兼顾"情"与"理"的双重要求,达到"情"与"理"之间微妙的平衡;用"合情合理"表达某件事情能够满足"情"与"理"的双重标准,合乎中国人的价值取向;用"动之以情,晓之以理"的方式,使"情"与"理"共同发挥作用,解决矛盾与冲突;用"天理不外乎人情",阐述"理"源于"情"的升华等。中华传统文化重视道德伦理,又赞扬人真实、朴素的情感,提倡将"情"视为"理"的源头,将"理"作为"情"的导引,情理交融、相互协调,以求达到最佳的状态。

中华传统文化中"情理融通"的理念,阐述"情"与"理"在一定条件下能够相互促进、和谐共生的辩证关系,形成中国人自古以来"情"与"理"并重的评价体系。"情理融通"的理念应用于高校思想政治教育中,启示我们应重视情感在个体道德品行生成中的重要作用,重视对受教育者正向情感的关注和培养。

第一,"情理融通"理念启示教育者关注受教育者情感感受、体验与需要,并给予正向引导促进其向道德品质转化。"情理融通"理念阐述了积极向善之"情"是"理"的萌芽这一观点。事实上,在道德品质和道德行为的背后,往往伴随着强烈的情感,这种情感通常是由内心自然生发,同时在所接受的教育中加以巩固而形成的。"道德要落到实处,就必须要寻找人的心理基点,使道德成为主体结构深层的心理因素,我们就必须探究主体情感在实现道德中的作用。"①积极向善的情感,是主体将道德认知转化为道德行为的精神动力,能够使抽象的道德理性根植于内心,促进道德品质升华为道德行为。在当代高校思想政治教育中,我们往往重视道德规范的讲解,而忽视对于受教育者情感的引导,导致道德品质形成和转化的关键环节缺失,致使高校思想政治教育效果不明显。"情理融通"理念,能够使受教育者的情感得到应有的关注,促进教育者改变传统德育的灌输形式,通过引导受教育者的情感,达到塑造其道德品行的目的。比如,王守仁的门人夜里捉到一个盗贼,王守仁对盗贼讲了致良知的内容,劝诫盗贼改过向善。但盗贼只是一笑置之,认为这些理论对他而言不起作用,最后王守仁利用"喝贼脱裤"的方式,激起盗贼羞耻的情绪体验,证明即便是盗贼,如果加以引导,也能够使其心悦诚服,从而养成良好的道德品行。这就充分说明,引导人本能的情感对于提升道德教育的效果具有重要作用。

第二,"情理融通"理念启示教育者创设特定情境,激发受教育者的正向情感,加快其对教育内容的理解和认同。受到中华传统文化的影响,中国人判断事物的标准由"情"与"理"共同构成,并倾向于将"情"作为第一标准。比如,"动之以情,晓之以理""合情合理""通情达理"等俗语,均将"情"置于

---

① 肖祥.论道德情感与感动教育[J].黑龙江高教研究,2006(11):103.

"理"前,可见"情"是中国人认同和接纳某事物主要考虑的因素,有时甚至是决定性因素。"当一个人的积极性情感体验不断积累之后,就会在思想上产生共鸣和认同,达到领悟道德知识和提升道德水准的效果,进而在行为上产生某种偏爱的立场、习惯、思维定式和行为习惯。"①因此,在高校思想政治教育中,应注意激发和引导人的情感,利用情感培育道德品行。但人的情感也并非凭空产生,而是以特定的情境为前提才能形成的。"触景生情""一见钟情",都说明特定的环境和氛围对于人情感萌生的重要作用。教育者应采用创设特定的情境、营造良好氛围的方式,激发受教育者的情感,使其产生相应的情感体验,并通过对这种感情的引导,加快受教育者对教育内容的理解和认同,促进其道德品行的形成。比如教育者可以带领受教育者去参观我国风景优美的自然保护区,或是观看与之相关的专题片,受教育者置身于美景之中,会产生对于自然的热爱与崇敬之情,以此为基础引导其树立保护环境、热爱祖国的道德品质。再比如说,一个受教育者做了有益于他人和社会的事,教育者应号召全体受教育者对其行为予以鼓励,引起其愉悦、自豪、光荣的情感体验,使其乐于继续做符合道德规范的事,促使其良好道德品行的形成。

第三,"情理融通"理念启示教育者注重同受教育者之间的情感交流,真正做到"以情感人""以理服人"。"情理融通"

① 阮星光,王春茹.案例教学在"思想道德修养"课中应用的思考[J].国家教育行政学院学报,2007(3):42.

的理念启示教育者,"情"这一关键要素对于培养中国人道德品行的重要作用。培育中国大学生的道德品行,要求教育者兼顾中国人认知层面中"情"与"理"的双重标准,妥善安排教学的内容。教育者不仅要注重知识的传授,也要注重情感的交流,这就要求教育者在教学过程中投入自己的感情,对每个受教育者怀有殷切的希望,对教学内容进行耐心、细致的讲解,以及适度进行课堂互动,活跃课堂气氛。饱含深情的教学能够展现教育者对于教学内容的深刻理解和强烈认同,增进教育者与受教育者彼此间情感的交流与互动,极易产生情感共鸣,真正实现"以情感人"与"以理服人"的结合,对大学生思想品德的形成具有显著的促进作用。此外,在高校思想政治教育中,受教育者对于教育者的情感认同,很大程度上决定着道德教育能否达到预期的效果。积极的情感认同,会使受教育者产生亲切感、信任感,从内心深处认同教学内容,促进受教育者按照教育者所希望的方向去努力。反之,消极的情感认同,会使受教育者产生厌烦感、轻视感、疏离感,这种态度往往会转移到教学内容上,大大减弱教育的接收效果。因此,教育者应具有崇高的道德境界,以身作则为学生树立榜样,这是积极情感认同产生的前提和基础。同时,教育者发自内心地关怀与爱护受教育者,特别是青少年和儿童,积极创造机会与其进行深入地沟通与交流,能够消除彼此的距离感,构建平等、尊重、信赖的和谐关系,使受教育者对于教育者产生亲切感、信任感,激发受教育者的学习热情,进而达到预期的教学目的。

四、"知行合一"的自我修养

"知行合一"思想是王守仁于明武宗正德四年(1509)在贵阳书院讲学时提出的,是对先人思想的批判、继承与发展。事实上,在中华传统文化中,关于"知"与"行"关系的探讨由来已久。

"在先秦时期,儒、墨、道三家在许多问题看法不一致,存在着分歧。但在重行这一点上,在务实的诉求上,观点上大体一致,并没有原则分歧。"①也就是说,在"知"与"行"的关系上,儒、墨、道三家都表现出重行务实的特点。儒家代表人物孔子讲求"学以致用",主张"学而优则仕",体现出"行"是"知"的目的;墨家代表人物墨子认为求知不单要在书本中求,还要在生产实践中求,倡导"士虽有学,而行为本焉",体现出"知"依赖于"行"的观点;道家代表人物老子主张"悟道""体道""行道",提出"道法自然",要求人的实践活动以"道"为根本规律,体现出用"知"来指导"行"的观点。先秦时期,探讨的"知"与"行"关系,主要指的是认识与实践的关系。汉唐时期,重行务实的思想在扬雄、王充等思想家的推动下逐渐发展成熟。至宋、元、明时期,思想界开始对"知"与"行"的关系进行更加深入的探讨,而这一时期"知"与"行"的概念已经超出认

① 宋志明.中国传统知行观综论[J].江南大学学报(人文社会科学版),2015(4):6.

识论层面的范畴。"知"既指代认识、知识,同时在某些语境下也指代知觉;而"行"多指人的实践活动,但有时也指代人的心理活动。程颢、程颐、朱熹、陆九渊等均主张"知先行后",尤其以宋代大儒朱熹影响最大。朱熹提出"知"与"行"的关系"犹如鸟之双翼,车之两轮",密不可分,主张知行相须、知先行后、行重于知。但是,后世学者模糊了朱熹"行重于知"的观点,夸大其"知先行后"的论断,认为只有完全"知",方才能"行",因此只注重在"知"上下烦琐的功夫,甚至出现终身不知,遂终身不行的现象。

在明朝中期,"知行脱节""重知轻行"的现象日益严重,世人满口仁义道德,却做一些凶恶残忍、卑鄙无耻的事情,导致世风日下。针对这种现象,王守仁提出"知行合一",主张"知"与"行"是一体两面、相互依存的,没有先后之别。王守仁"知行合一"思想意在说明道德实践对于个人道德品质的养成,对于恢复圣贤之风的重要意义。值得注意的是,王守仁在论证"知行合一"思想中,有时"知"指代的是人的知觉,而"行"指的是心理活动,如其著名的论断"见好色属知,好好色属行""闻恶臭属知,恶恶臭属行";有时"知"则指代的是"见闻之知"。而王守仁在运用"知行合一"思想指导实践、教育学生的时候,一般而言,"知"是道德认识、道德情感、道德评价的统一体,而"行"指代的是道德践履,他曾讲道"就如称某人知孝、某人知弟,必是其人已曾行孝行弟,方可称他知孝知弟,不成只是晓得说些孝弟的话,便可称为知孝弟"。因此,如果单纯从认识论的角度评价"知行合一"思想,那么我们不免会进入先验主义的误区,会对其蕴含的"以知代行""销行归知"的观点进行批判,但是如果从伦理学的角度体察"知行合一"思想,将其作为一种道德修养的学说,"知行合一"思想提出了一种道德认识与道德实践相统一的道德境界和一套道德自我修养的方法,是王守仁对道德认识必须付诸道德实践的一种强调,对于促进个体道德品行的培养,去除虚浮矫饰的社会风气具有重要意义。

显然,就本文而言,需要从伦理学层面,理解王守仁"知行合一"思想的内涵,进而探索其对高校思想政治教育的价值。

第一,"知行合一"的自我修养理念,促进高校思想政治教育重视道德实践的开展。王守仁提出"知而不行,只是未知","真知即所以为行,不行不足谓之知",意即真"知"包含着必能"行"的属性,因此不应将"知""行"分作两件事来用功。若"知"与"行"不能协同并进、共同存养,会导致"行"的无限延宕,甚至出现终身不知、终身不行的现象。在"知行合一"思想中,"知"是人人固有的,由此可见"知行合一"思想中王守仁主要强调的是"行",是对于道德实践的提倡。此外,王守仁倡导"实地用功"的方法,通过将个体的道德认识转化为道德实践的方式达到"知行合一"。他曾讲:"吾与诸公讲致知格物,日日是此,讲一二十年,俱是如此。诸君听吾言,实去用功,见吾讲一番,自觉长进一番,否则只作一场话说,虽听之亦何用?"也就是说,在教育过程中所领悟的道理,如果不付诸实践,那学习就如同一场空谈,毫无意义。王守仁曾讲,"尽天下之学,无有不行而可以言学者",认为天下所有的学问,都需要躬身实践才能得其要领,强调实践在治学中的重要作用。"知行合一"思想的核心和精髓在于高度重视道德实践。而在高校思想政治教育中,道德实践能够使受教育者形成高度的体验感和参与感,对道德理论的认同和道德品行的内化具有重要的作用。因此,应将道德实践活动作为道德教育的一个关键环节,开展定期的道德实践活动,改变以往重视道德理论的传授而忽视道德实践的观念,将道德实践活动的频率从偶然性的、盲目性的活动变为经常性的、定期的、精心策划的活动,使受教育者从道德实践活动中将道德品质内化于心,将道德实践活动变成自身的内在需求及行为习惯。

第二,"知行合一"的自我修养理念促进高校思想政治教育关注道德自觉的存养。王守仁认为"一念发动处,便即是行了",即思想中恶念产生,也属于"行"的范畴,强调必须关注自己的意识领域,加强自身修养,对恶念进行及时清扫。同时,王守仁认为"如今人尽有知得父当孝、兄当弟者,却不能孝、不能弟",是因为为私欲所阻。若要达到"知行合一"的境界,则需要保持内心的光明澄澈,即道德主体要时刻对自身意识领域保持高度的警惕性和敏感性,并同时拥有对道德规范的强烈认同感。也就是说,道德主体要保持高度的道德自觉,对内心的私欲和恶念加以控制,自觉净化自身的意识领域,加强思想修养,进而使自己的行为自然而然地符合道德规范。"道德自觉是个人社会化的一部分,每个成熟的社会人都有最基本的道德自觉。"①然而在现代社会出现的诸多道德问题,如不讲诚信、不守公德、道德冷漠的现象,已经反映了人们道德自觉的严重不足。因此,高校思想政治教育必须加强大学生道德自觉的培养,使大学生自觉抵制不道德、不文明行为的产生。道德自觉的养成不是一蹴而就的,需要持续不断地进行正向的引导才能够形成。道德自觉也不是一经形成,就能够一成不变、终生发挥作用的,而是会受到道德主体的认知和外部环境的影响而发生变化。这就需要高校思想政治教育通过家庭、社会、学校多种渠道形成合力,共同注重道德自觉的培养,使受教育者自觉抵制不良思想倾向,形成与自身道德认识相统一的道德践履模式,并且通过持续不断的教育,巩固和强化此种行为模式。

第三,"知行合一"的自我修养理念,促进高校思想政治教育与日常生活相融合。王守仁认为"知行合一"的自我修养应通过在日常生活的具体事件中加以磨炼才能逐步提升。一方面,可以通过生活中的具体事件,磨炼自己的心性,让自身喜怒哀乐的内心情感能够合乎时宜,不过度也不缺损,使自身不被私欲蒙蔽,遵从内心的道德指引,进而达到"知行合一"的境界。王守仁倡导弟子通过写字、弹琴、习射、学农圃等活动,领悟"知"与"行"相统一的过程,同时陶冶情操、怡情养性,使自

---

① 祁刚利.道德自觉、个体人格与公德心[J].河北师范大学学报(哲学社会科学版),2013(6):51.

身心态平和,增强心理承受能力。在遇到特殊情况时,能够保持冷静和平和的心态,用道德认识引导行为符合道德规范,减轻冲动的情绪对自身行为造成的负面影响。另一方面,王守仁采取多样化的手段,随时随地对学生进行道德教育,比如通过书信交流的方式,传递自己的思想并为学生答疑解惑。集中阐述王守仁思想的《传习录》,收录了大量他写给学生的书信。同时,王守仁还通过游学的形式,带领自己的几位弟子开展游学活动。在秀峰山水中,弟子当场提问,王守仁给予解答,弟子领会其思想之后,当即跳舞、唱歌,生动活泼的教学形式深受学生欢迎。王守仁能够将教育与生活融为一体,他的讲学范围跨越大半个中国,学生布满天下,他的讲课方式深受学生欢迎,教育效果显著。因此,应推进高校思想政治教育与日常生活相结合。具体而言,教育者应采取多样化的教学方式,努力将教育的内容融入受教育者的生活中,尤其是利用新媒体这一工具,结合受教育者的生活实际和思想状态,随时随地对其行为进行正向引导。同时,在高校思想政治教育中,教育者倡导并适当组织积极健康的文娱活动,使更多的大学生能够重视文娱活动这种调节情绪、怡心养性的功能,重视通过文娱活动培养受教育者的性情,使其保持心态平和、积极乐观,增强行为控制能力,有效避免由于情绪失控产生的不道德,甚至不合法的行为。此外,高校思想政治教育要坚守家庭这一高校思想政治教育的阵地,家庭成员之间彼此的关系最为亲密,因此也就最能够感受到家庭成员思想和行为的变化,充分发挥家庭成员之间互相监督、互相引导的作用,注重家风与家教,让家庭成为抵制不道德思想与行为的第一道防线。

第二节 中华优秀传统文化丰富高校思想政治教育的内容

中华优秀传统文化中蕴含的某些思想理念、道德规范、行为准则与大学生基本道德规范的根本精神具有内在契合性,充分认识、认真挖掘、吸收借鉴中华优秀传统文化,充分发挥中华优秀传统文化内容的教化功能,能够丰富高校思想政治教育的内容,促进大学生道德教育效果的提升。

一、"公忠体国"的家国情怀

中华传统文化中"公忠体国"的思想理念,表现为中华儿女钟情故土、忧国忧民、抗击外侮、以身许国的情感与行为,体现的是将国家的兴衰和百姓的安危时刻记挂于心,先公后私、公而忘私,尽心竭力为百姓谋福祉,为国家和人民的利益不惜牺牲一切,甚至生命的高尚品质。在我国古代,"公忠体国"的思想理念受到各家各派一致倡导和推崇,并被视为"天下之纪纲""义理之所归"。

在《尚书》《左传》中,"公忠体国"的思想理念就已初步形成。《尚书》提到"以公灭私"的观点,倡导用公心消灭私欲来治理国家,才能够使百姓安居乐业。《左传》将"忠"视为人最高的道德品行,认为"忠"是一种"临患不忘国""将死不忘社稷",为国家利益勇于牺牲个人利益的奉献精神。在诸子百家思想中,各家各派曾提及并倡导"公忠体国"的思想理念。具体而言,儒家的代表人物孔子,主张在"君使臣以礼"的前提下"臣事君以忠",即臣子应"忠于君之事",这里的"君之事",通常情况下指的是国事、民事,即臣子应以尽心竭力、诚实不欺的态度处理好君主安排的国家之事,同时孔子强调"君子之于天下也,无适也,无莫也,义之与比",即君子应胸怀天下,无论自己的好恶,以仁义之道处理天下百姓的事,体现了爱国为民的思想倾向;墨家的代表人物墨子,主张"必兴天下之利,除去天下之害",认为仁义之士就要以天下为己任,兴盛天下人的利益,消除天下人的危害;法家代表人物韩非子,其著作中专门设有《忠孝》篇,在此篇中将"公"与"忠"结合在一起,强调"公正为民""弃私为公"的思想;道家的代表人物老子主张在礼崩乐坏的时局下,"忠"应取代"礼"成为维护社会秩序的重要准则,同时强调倡导"圣人常无心,以百姓心为心"的胸怀天下的爱民思想。

此后,"公忠体国"的思想理念进一步发展。孟子认为"民为贵,社稷次之,君为轻",倡导"乐以天下,忧以天下"的精神境界,提出"杀身成仁""舍生取义",为国家和民族的利益,不惜牺牲生命的高尚品行。荀子提出"出死无私,致忠而公",倡导不计个人得失,对国家和民族的无限忠诚。《忠经》系统全面地阐述"忠"的品质,提出"故君子行其孝,必先以忠。竭其忠，则福禄至矣"，即"忠先于孝"的新论断，认为"天之所覆，地之所载，人之所履，莫大乎忠"，赋予"忠"至高无上的地位。宋明时期的儒者，将"忠"视为天理的体现，蕴含着爱民、顺民、敬民、保民的思想，"忠"逐渐被视为封建社会君、臣、民必须遵守的道德准则。

"公忠体国"思想理念，也体现在我国古代文学作品中。诸如"举头望明月，低头思故乡""望阙云遮眼，思乡雨滴心""露从今夜白，月是故乡明"等，表达了对于故乡的眷恋与热爱之情；"国破山河在，城春草木深""山河破碎风飘絮，身世浮沉雨打萍""小楼昨夜又东风，故国不堪回首月明中"等，表达了对国家历经战乱而造成生灵涂炭的悲伤之情，表现出浓烈的爱国情感；"长太息以掩涕兮，哀民生之多艰""先天下之忧而忧，后天下之乐而乐""朱门酒肉臭，路有冻死骨"等，均表现出心系天下苍生、忧国忧民的情怀，表达了愿为国家贡献出自身全部力量的奉献精神。

"公忠体国"的思想理念，还体现在中国古代名臣清官、仁人志士的以天下兴亡、国家富强、人民安康为己任的具体行动中。比如，苏武持汉节牧羊，出使匈奴十九年，归来时须发已白；贾谊虽被贬为长沙太傅，仍心系天下，数次进谏，陈治安之策，居安思危；岳飞在处境危难的条件下，为保卫国家和人民，抛头颅、洒热血；于谦在明朝危难，英宗被掳的情况下，力排众议、反对南迁，拥立景帝、力挽狂澜，督兵抗敌、保卫国家。值得注意的是，中华传统文化中，"忠"有两种表现形式，一种是对国家和人民的忠诚,被称为"公忠";另一种是专指对某个人的忠诚,一般而言即对封建君主的忠诚,被称为"私忠"。在封建社会中"公忠"与"私忠"是紧密联系的,某种理论可能同时兼具"公忠"与"私忠"的含义,表现出本身的历史性和局限性。因此,我们在分析中华传统文化中"公忠"思想时,要提倡其情系故土、心怀天下的这种家国情怀,并将其与忠于"一家一姓""一朝一代"的"私忠"进行严格区分。

中华传统文化中"公忠体国"的思想理念,虽然表现出一定的时代和阶级局限性,但总体来讲是积极的、健康的,体现着"爱国""奉献"等大学生道德规范中所涉及的道德品质。将中华传统文化中"公忠体国"思想理念的相关内容,应用于高校思想政治教育的过程中,能够使大学生领会到热爱祖国、无私奉献是中华民族历来推崇的美好品德,培养其对于"爱国""奉献"等大学生道德规范的认同感,激发其对于国家和人民的责任与担当,促使其以古代的爱国为民的仁人志士为榜样,客观合理地进行道德践履。此外,在高校思想政治教育中,运用中华传统文化中蕴含的"公忠体国"思想培育大学生热爱祖国、无私奉献的品行,应注意循序渐进,以大学生对生育自己的故土故乡的爱为着眼点,培养其对祖国的崇敬与热爱,促使养成自觉维护国家尊严,为国家和人民利益无私奉献的道德品行。综上所述,中华传统文化中"公忠体国"的思想理念,对于丰富和完善高校思想政治教育的内容,增强高校思想政治教育的感染力和生动性具有重要作用。

二、"崇尚仁爱"的精神追求

"崇尚仁爱"的思想理念,指的是与人相交要真心实意对待他人,又要懂得宽恕他人的缺点和错误,当利与义发生矛盾时,要以义为重,必要时牺牲个人利益乃至生命,使自身的行为合乎道德规范。"崇尚仁爱"的思想理念,体现出我国古代思想家对理想人格的向往和追求。

关于"仁"的论述,先秦的典籍中已有所涉及。诸如"仁,爱也""洵美且仁""立人之道曰仁与义"。然而,先秦时期"仁"的含义尚未确立,其内涵呈现出多样化的特征。

儒家的代表人物孔子,首次对"仁"的概念进行完整而全面的论述:"樊迟问仁。子曰:爱人。"由此可知,"仁"最核心的思想是"爱人",即尊重人、关心人、同情人、爱护人,尽己所能帮助他人脱离困境、实现愿望。而要做到"爱人",孔子认为,就应当做到"推己及人",即"己欲立而立人,己欲达而达人","己所不欲,勿施于人"。儒家学者孟子从"性善论"的角度出发,继承并发展"仁爱"思想,提出"恻隐之心,仁之端也",为"仁者爱人"的思想提供了理论依据。孟子还直接提出"舍己从人,乐取于人以为善"的思想,倡导在人际交往过程中应与人为善。此后,汉代直至宋明的儒者,都将"仁"置于极其崇高的地位。唐代的韩愈,丰富"仁"的思想内涵,提出"博爱之谓仁",认为"仁"包含着爱一切人的思想。张载提出"民胞物与"的思想,认为天下人皆是兄弟姐妹,应同气连枝,互相关爱。程颢、程颐、朱熹以及受到宋明理学影响较大的后世儒者，醉心于研究"仁"本体论方面的内容和意义，弱化了儒家"仁"思想中体现出的"博爱"精神。但通过仔细阅读宋明理学及其相关著作，能够从其关于"仁"的某些论述中得知，宋明儒者同样肯定"仁"具有关爱他人、与人为善的含义。墨家的代表人物墨子，虽然没有明确提到"仁"这一概念，但其以"兼爱"为中心的思想理论，体现着人与人之间毫无差等之爱，与"仁"所体现的核心思想相一致。墨子主张"爱人若爱其身"，即爱人如己的思想，认为"夫爱人者，人必从而爱之"，并倡导在此基础上实现人与人之间，乃至国与国之间"兼相爱、交相利"的社会理想。

　　中国古代的历史典故、名人事迹中体现"崇尚仁爱"思想理念的不胜枚举。比如，据《梁溪漫志》记载，宋代大文豪苏轼在晚年的时候用自己毕生的积蓄买入了一套老宅，在得知自己买的房子是一位老妇人祖传百年却被不肖子孙卖掉的祖屋后，当即撕毁房契将房子还给老妇人，且没有收回买房所花费的钱财。据《世说新语》记载，东汉的荀巨伯去远方看望生病的朋友，正值朋友居住的地方遭遇北方匈奴的攻击，整个郡的人得知消息后都已离开，朋友也劝荀巨伯丢下自己逃走，但他却执意不肯，宁愿以自己的性命换取朋友的性命，荀巨伯舍命护病友的事迹感动了袭击此郡军队的首领，匈奴军队没有侵犯此地，使整个郡免遭被洗劫的厄运。据《晋书》记载，刘敏元适逢永嘉之乱，与一位孤苦无依的同乡一起从齐地向西奔走，以逃避战乱。他们在途中遇到盗贼，同乡被盗贼掳走，刘敏元与盗贼据理力争，并愿用自己的性命换取同乡的性命，盗贼的首领钦佩刘敏元是一位义士，因而将他和他的同乡都放了。这些生动形象的历史典故，展现出古人乐于助人、无私奉献的崇高品德，对于激励大学生主动积极地关爱他人具有重要的现实意义。

毋庸置疑，中华传统文化中"崇尚仁爱"的思想理念，有一定的历史局限性和阶级局限性。在儒家思想体系中，"仁"的概念强调的是由亲至疏、由近及远的有尊卑贵贱之别的爱。墨家的"兼爱"思想是建立在贫富差别基础上提出的无差别之爱，肯定封建等级秩序的存在，因而也是不彻底、不纯粹的。但是，绝不能因此而抹杀中华传统文化中"崇尚仁爱"思想理念的当代价值。在社会主义市场经济高度繁荣的今天，部分人将金钱作为衡量一切的标准，致使人情冷漠、道德沦丧，甚至出现了大学生为骗取保险而毒杀亲生父母的极端残忍恶劣的事件。当亲子之情、手足之情都能因为金钱的诱惑而被抹杀的时候，我们所倡导和呼吁的人与人之间互相关心、互相帮助的关系就更是无从谈起。

中华传统文化中"崇尚仁爱"思想理念，体现着一种朴素的人道主义精神，是形成社会良好道德风尚所必需的文化滋养。中华传统文化中"崇尚仁爱"的思想理念，与大学生道德基本规范中"团结友善"的要求所体现出的基本精神具有内在的一致性。"崇尚仁爱"的思想理念，能够激发人的恻隐之心、同情之心，唤醒潜藏在内心深处的道德良知，倡导人们在人际交往的过程中将心比心、推己及人、互敬互爱，真正设身处地为他人着想，尽心尽力帮助他人解决问题、达成愿望。由此可知，"崇尚仁爱"的思想理念，能够培养人们严于律己、宽以待人、无私奉献、互助互爱的良好品行，督促人们加强自我修养，提升道德境界。

因此，中华传统文化中"崇尚仁爱"思想的相关内容，能够应用于高校思想政治教育中，丰富高校思想政治教育的内容，促进高校思想政治教育效果的提升。

三、"自强不息"的进取意志

中华文明历经五千多年的整合与发展，虽然时而衰微、时而兴盛，却未曾中断。发展至今，创造了世界文明的奇迹。中华文明之所以能够延续不断、源远流长，是因为中华优秀传统文化中蕴含着"自强不息"的思想理念，这种思想理念倡导中华儿女勇于拼搏、锐意进取、坚持不懈、不屈不挠、刚健有为、发愤图强，促使中华民族能够克服困难、再创辉煌，推动中华文明不断延续、稳步发展。

"自强不息"一词出自《周易》的"天行健，君子以自强不息"，指的是君子应效仿天道，不假外力、永无止息地积极进取、发愤图强。儒家的创始人孔子，提倡"发愤忘食，乐以忘忧"的生活态度，认为"饱食终日，无所用心"是浪费生命。孟子提出"生于忧患而死于安乐也"，并强调"富贵不能淫，贫贱不能移,威武不能屈",认为苦难是对人的磨炼,人只有历经艰辛,才能够不断进步,否则就会沉浸在享乐中不能自拔。

中国古代文学作品中有很多作品从不同侧面赞美和弘扬"自强不息"的思想理念。就诗词歌赋而言,屈原《离骚》中的"路漫漫其修远兮,吾将上下而求索",能够鼓舞士气、催人奋进,勉励世人不断努力,勇攀高峰。曹操《步出夏门行》中的"老骥伏枥,志在千里。烈士暮年,壮心不已",表达了不能因为年迈而丧失斗志,即使青春不再,却依旧有机会实现自己的理想与抱负的精神;李白《行路难》中的"长风破浪会有时,直挂云帆济沧海",杜甫《望岳》中的"会当凌绝顶,一览众山小",王之涣《登鹳雀楼》中的"欲穷千里目,更上一层楼",陶潜《杂诗十二首》中的"及时当勉励,岁月不待人",郑板桥的《竹石》中的"千磨万击还坚劲,任尔东西南北风"等,均表达出只有不懈努力、不断进取,才能够获得成功的思想。就神话传说而言,精卫填海、女娲补天、愚公移山、夸父逐日、神农尝百草等,充分展现我国古代先民勇于突破局限、改变现状、创新创造的精神品质。

中国古代的历史典故、名人事迹,诸如司马迁历尽屈辱与艰辛著成《史记》;李时珍历三十年穷搜博采编写《本草纲目》;越王勾践卧薪尝胆、刻苦自励,终成霸业;匡衡凿穿墙壁,引邻舍烛光读书学习等,均表现出坚忍不拔、奋发向上的精神,能够激励人们克服困难、勇往直前。

中国古代成语、俗语,诸如百折不回,不屈不挠,坚韧不拔,威武不屈,只争朝夕,励精图治,发奋图强,自力更生,白手起家,自食其力,勤能补拙,一分耕耘,一分收获,吃得苦中苦,方为人上人,一勤天下无难事也,少壮不努力,老大徒伤悲,好记性不如烂笔头,人往高处走,水往低处流等,均赞扬了不断进取、不懈努力、奋发向上的品质。

中国古代器物、建筑等,也蕴含着中华民族的卓越智慧,某些文物古迹制作建造的工艺极其繁复,至今都难以破解,体现出中华儿女自强不息、顽强拼搏、精益求精、追求卓越的精神。诸如,乾隆年间烧制的各色釉彩大瓶,在一件瓷器中集合十七种不同的釉彩,在古代极其简陋的烧制和测温条件下,完成概率极低,是几乎不可能烧制成功的;越王勾践剑历经千年而不腐,剑身依旧锋利无比、闪耀光芒,其铸造工艺至今仍然没有定论;从战国时期开始修筑的万里长城,穿越在崇山峻岭、急流溪谷等险峻的地段之上,气势雄伟,布局周密,结构严谨,反映了中国古代测量、规划设计、建筑技术、工程管理以及军事技术的高超水平,象征着中华民族百折不挠、众志成城、坚不可摧的精神和意志。

中华优秀传统文化中"自强不息"的思想理念,与大学生基本道德规范中"自强"的要求相契合。中华优秀传统文化中体现"自强不息"思想的相关内容,能够激励国民克服困难、振奋精神,积极进取、开拓创新,乐观面对生活中的苦难和挫折,以坚定的意志品格和奋发向上的精神面貌投入到新时代中国特色社会主义建设中去。因此,中华优秀传统文化中"自强不息"的相关内容,融入高校思想政治教育中,能够对高校思想政治教育的内容形成有益补充,为高校思想政治教育提供可用素材。

四、"以和为贵"的相处之道

中华优秀传统文化中蕴含着崇尚和谐、和而不同的思想观点,倡导人与人之间应化解矛盾、互惠互利、和谐相处。中国的先民认为,"不同事物的调和是事物得以产生的根本"①,一切事物都是由金、木、水、火、土五种元素变化、组合而生成,体现着"和生万物"的思想。随着中华儿女认识和实践的不断发展,"和"的内涵和外延不断扩大。《尚书·舜典》记载,"八音克谐,无相夺伦,神以人和",说明古代先民已经能够从音符搭配的角度,认识到"和谐"的重要性,赋予"和"字"和谐"的内涵。此后,古人逐步从音乐层面的"以和为美",认识到人际交往中和谐相处的重要性,倡导人与人相处应"以和为贵"。儒家的代表人物孔子认为"礼之用,和为贵",意思是充分发挥"礼"的作用,促进社会形成崇尚和谐的相处之道。《礼记·中庸》中提到"和也者,天下之达道也",认为只有奉行和谐的原则,才能够促使人类社会的繁荣发展。在中华优秀传统文化传承和发展的过程中,提倡的诸如尊老爱幼、谦恭礼让、严己宽人等品行,都从不同侧面反映出"以和为贵"的思想倾向。

---

① 陈来.中华文明的核心价值:国学流变与传统价值观[M].北京:生活·读书·新知三联书店,2015:70.

中华优秀传统文化中的成语、俗语，诸如彬彬有礼、屈己待人、和睦相处、和气生财、化干戈为玉帛、家和万事兴等，蕴含着中华民族崇尚和谐的思想观点。此外，诸如梁鸿孟光相敬如宾、薛孟尝分家厚弟薄己、张英父子让邻三尺、廉颇蔺相如将相和、昭君出塞和亲匈奴等历史典故，从不同侧面反映出"以和为贵"相处方式对于夫妻情笃、家庭和睦、邻里和谐、国家稳定、民族团结等方面的重要作用。

中国古代城市、宫殿、坛庙、寺院、民居的设计，多以一条中轴线为中心，在轴线上布置主要建筑，将附属性建筑左右对称摆放，现存的古都西安、北京都体现了这样的设计理念，使整个传统中华建筑群体现出平面布置的均衡之美。即便受到地形等客观因素制约，不能够达到以中轴线为基础进行布局，古代匠人往往通过巧妙的艺术处理，通过改变绝对对称的关系，使人依旧在观感上能够获得对称均衡的审美效果。中国古代建筑的装饰，如卢沟桥望柱的石狮子两两相对，古代部分雕花窗采用的是中心对称图案等，均体现出对称性的均衡审美特征。中国古代建筑展示出中华儿女以对称均衡为美的审美风格，体现出中华传统文化"以和谐为美"的思想理念。此外，中国古代诗词强调对仗工整，注重平仄音律的变化；中华传统武术的代表太极拳，强调以柔克刚、阴阳相和；中国古代文学中有一类以矛盾全部化解的大团圆为结局的文学类型等，都体现出中华优秀传统文化强调事物之间平衡，以和为美的思想倾向。

　　中华传统文化,是在吸收和整合外来文化和少数民族文化的基础上形成和发展起来的。在两汉时期,佛教逐步从古印度传入中国,并在此后得到充分发展,历朝历代大多实行支持儒、释、道三教并存发展的政策,开明的封建统治者鼓励汉族与其他少数民族之间进行文化往来,实施兴建学校、推行儒学、通婚联姻等政策,致使中华传统文化成为多民族、多宗教文化和谐共生又互补促进的文化类型。中华传统文化是以综合为基础的东方文化,能够从整体着眼,从事物之间的联系着眼,分析并解决问题,在协调与处理人与人之间关系,使其达到和谐统一状态的层面上,表现出天然的优越性。较之西方文化以分析的角度对待事物,强调"物竞天择,适者生存",中华传统文化注重协调多种关系,使其达到某种平衡的理念,更能体现出"以和为贵"的思想。

　　中华优秀传统文化中体现"以和为贵"思想的相关内容,纳入高校思想政治教育中,能够熏陶并感染受教育者注重人际关系的和谐,促使其自觉维护集体利益,在集体活动中求大同存小异;协调社会中人际交往各方的关系,创造和谐的相处氛围;在家庭生活中关心尊重长者和幼者,妥善处理家庭成员间的矛盾,不为家庭琐事而争吵,忍让和包容家庭成员的情绪,促进家庭幸福和睦。诚然,"以和为贵"的思想理念,在协调人际关系方面能够发挥积极作用,增强人与人间互助互爱的精神,但其过于强调维护和谐的状态,容易使人在交往过程中丧失原则、一味忍让,也容易使人甘于现状、不思进取,磨灭自强不息的意志和对于美好生活向往与追求。

因此,将中华优秀传统文化中"以和为贵"思想理念的相关内容纳入高校思想政治教育中,应确保"以和为贵"的思想理念体现在协调人际关系方面,而不是人生态度方面,应讲清楚坚持原则与维持人际关系和谐之间的辩证关系,避免受教育者陷入维护和谐而损害自身利益的误区,充分发挥其思想的积极作用,规避其消极影响。

五、"恪守诚信"的行为准则

在中华优秀传统文化中,蕴含着"恪守诚信"的思想理念,并在中华儿女几千年来生活实践中成为人与人交往的行为准则。一般而言,"诚"指的是内心坦诚,真实不欺,既不自欺,也不欺人的品质;"信"指的是在人与人交往过程中讲究信用,践行承诺的行为。"诚"与"信"是相辅相成、相互促进的统一体,是诚实无欺的言谈与履行承诺的行为相结合所表现出的美好品行。

在诸子百家中,儒、墨、道诸家均对"诚信"有相关论述。儒家的代表人物孔子认为"人而无信,不知其可也",将"信"作为立身处世的支撑点,同时指出"巧言令色,鲜矣仁",意在说明夸夸其谈而不诉诸实际行动,对君子而言是一种耻辱,倡导"君子欲讷于言而敏于行"。孔子主张在人际交往中应践行信诺,提出"与朋友交,言而有信",并指出"多信而寡貌"是为王之道,即君王应多讲信义、言出必行,少做表面文章,将"诚信"视作君王治国安民的重要品质。孟子提出"诚者,人之道也",

"仁义忠信,乐善不倦,此天爵也",这就肯定了"诚"与"信"是人应当积极追求的美好品德。此外,孟子将"诚"与"信"二者相结合,阐明"诚"与"信"二者的内在联系,肯定其稳固政治统治、和谐人际关系方面的作用。此后,荀子丰富了"诚信"的内涵,将朋友交往中的"诚信"扩充至君臣交往以及国家交往的社会政治层面,同时将"诚信"视为君子个人修养所应追求的至高境界。道家的代表人物老子倡导为人做事应恪守诚信,提出"信言不美,美言不信",即可信的话不一定好听,好听的话不一定可信。老子指出"轻诺必寡信",即轻率地做出不一定能够兑现的承诺,体现出倡导言出必行、恪守诚信的处事方式。墨家的代表人物墨子提出"言必信,行必果,使言行之合犹合符节也,无言而不行也",即语言与行动要像符节一样相合,答应的事情一定要做到,主张人言行一致,而不能口是心非、不践行承诺。杂家的代表作《吕氏春秋》记载"人曰信,信维听",即人只有诚信才能够得到他人的信任,将诚信看作人际交往的准则;反之,"诈伪之道,虽今偷可,后将无复,非长术也",也就是说,言行不一、朝三暮四,这种人尽管能得到一时的好处,但是终究不是长久之计,最终自然不能得到人们的信赖。《吕氏春秋》记载商鞅因设计俘虏公子卬,遭到秦惠公怀疑,遂带着家人投奔魏国,而魏国大臣也因此事质疑商鞅的品行,用这一事例阐述了背信弃义、不守诚信的危害。"百家争鸣"之后,儒家的地位在汉代及之后逐步提高,继承和发展了"诚信"思想,虽然至宋明理学时期陷入了哲学的思辨,有时甚至带有神秘主义的倾向,但儒家始终倡导"诚信"精神中所蕴含的表里如一的品质和言行一致的处事方式。

"恪守诚信"的思想理念,是我国封建宗法社会治家的主要精神之一,也是我国传统家训中的重要内容。比如《姚氏家训》中的"不能欺,未若不敢欺;不敢欺,未若不忍欺。然要人不忍欺我,须由我不忍欺人始",强调人应该加强自我修养,达到诚信做人,不忍欺骗别人的境界;清代《汤氏家训》告诫子孙,与朋友相交,要以诚待人;宋代刘清正在《戒子通录》中提到"守官处小心不得欺事,与同官和睦多礼",即为官应小心谨慎,不得有欺骗之事,与同僚要和睦相处等。

"恪守诚信"的思想理念在我国古代社会备受推崇,成为与人交往的基本规范,故而出现了大量赞美"诚信"品质的名人轶事,并流传至今。比如春秋时期,季札出使晋国,在路过徐国的时候,察觉徐国国君喜爱自己的佩剑,当时因为有出使他国的任务在身,季札便没有将宝剑相赠,但他已经决定出使任务完成后再返回徐国赠剑。待季札回到徐国时,却得知徐国国君已死。季札仍然决定履行自己心中的诺言,将宝剑系在徐君墓地的树上。三国时期吴国的卓恕,为人诚实守信,言出必行,有一次卓恕从会稽到建业赴约,两地远隔千里之遥,路途中艰难险阻更是难以预测,他却依旧能够如期而至,践行诺言;东汉时期的梁鸿在放猪时,不小心烧毁别人的房舍,他将自己的所有财产都赔给房主,但还不足以弥补损失,就自愿当佣人作为补偿,早晚毫不懈怠。此外,"恪守诚信"的思想理念在古代文学作品中也有所体现。就诗词歌赋而言，"千金未必能移性，一诺从来许杀身""兄弟敦和睦，朋友笃信诚""一诺黄金信，三复白圭心"等诗句，充分彰显为人处世应恪守诚信的高尚品行。就戏曲小说而言，元曲《赵氏孤儿》中，医生程婴冒着生命危险，接受公主托孤重任，并向大臣公孙杵臼表达自己誓要履行诺言的决心，"我从来一诺似千金重，便将我送上刀山与剑锋，断不做有始无终！"明代小说《卖油郎独占花魁》中卖油郎秦重为人忠厚老实，花魁莘瑶琴表示非他不嫁时，他将自己家里贫窘的生活状况如实相告，在发家致富后也一直坚守爱情的诺言，与莘瑶琴白头偕老。

中华优秀传统文化中"恪守诚信"思想理念，与大学生基本道德规范中"诚信"的要求具有内在的一致性。中华优秀传统文化反映"诚信"思想的理论观点、文学作品、名人事迹等，能够丰富高校思想政治教育的内容，使受教育者能够以古人信守承诺为榜样，自觉将奉守诚信视作与人交往的基本原则，无论是交友、为官、经商，都能够做到胸怀坦荡、言行一致、表里如一，使人与人之间能够增强对彼此的信任，人际关系更加和谐融洽，减少社会中出现的诚信危机现象，促进社会的和谐稳定。

第三节 中华优秀传统文化扩充高校思想政治教育的方法

我国具有悠久的道德教育传统,最早的道德教育要追溯到夏、商、周时期。古代教育者总结出许多行之有效的道德教育方法,大体可以分为以下三类,即施教方法、化民方法、修身方法。虽然古代道德教育内容由于受到历史和社会的制约,具有局限性,但古代社会行之有效的道德教育方法,通过优化和改良后,应用到高校思想政治教育中,必将对提升高校思想政治教育效果大有裨益。

一、施教方法

我国古代统治者高度重视道德教育,将其视作治理国家的一项重要任务。"德教为先"的政策导向,使道德教育在我国古代社会得到广泛而充分的发展,形成了因材施教、循序渐进、寓教于乐等独具特色的道德教育方法。认真总结和梳理我国古代道德教育具有代表性的施教方法,并将其吸收借鉴、创造转化,应用于当代高校思想政治教育中,能够为推动高校思想政治教育的发展贡献积极力量。

1.因材施教

所谓因材施教,就是指对不同能力、志向、品德的人采取不同的教育内容和方法。①

因材施教,是孔子进行道德教育的一个重要的方法。孔子尊重和关心每一位弟子,从弟子的实际情况出发,采取不同的教育方法。

> 子路问:"闻斯行诸?"子曰:"有父兄在,如之何其闻斯行之?"
>
> 冉有问:"闻斯行诸?"子曰:"闻斯行之。"
>
> 公西华曰:"由也问闻斯行诸,子曰'有父兄在';求也问闻斯行诸,子曰'闻斯行之'。赤也惑,敢问。"子曰:"求也退,故进之。由也兼人,故退之。"(《论语·先进》)

子路和冉有问孔子同一个问题,就是听到正义的话是否应该立即行动。孔子认为子路性格好勇过人,而冉有性格谦退怯懦,故而说子路需要问过父兄后再考虑采取行动,而鼓励冉有不应有所顾虑,应立刻采取行动。

明朝著名的学者、心学的创始人王守仁,继承和发展了孔子因材施教的教育方法,提出教育应考虑到每个人的接受能力,制定教育目标,而不能采取"一刀切"的方式进行施教。

> 问:"'中人以下不可以语上',愚的人与之语上尚且

---

① 罗国杰.中国传统道德:教育修养卷(重排本)[M].北京:中国人民大学出版社,2012.

不进,况不与之语,可乎?"先生曰:"不是圣人终不与语。圣人的心,忧不得人人都做圣人。只是人的资质不同,施教不可躐等。中人以下的人,便与他说性说命,他也不省得也,也须慢慢琢磨他起来。"(《传习录·黄省曾录》)

王守仁认为,人的资质不同,不能够跨越等级次序进行施教,对于中等以下资质的人,即便同他讲高深的道理,他也不会明白。因此,教育者需对资质较差的受教育者进行慢慢引导,才能使其理解和吸收教育内容,收获良好的教育效果。我国古代道德教育中,因材施教的方法提倡对每一位学生进行有针对性的教育,这种教育方法应该得到继承和弘扬。在现代高校思想政治教育中,教育者应深入了解每一位受教育者的年龄、个性、能力、志向、品德,根据受教育者的实际情况,对其进行道德教育,一方面有助于受教育者的个性和才华得到充分发展,另一方面能够使道德教育更加具有针对性,有效提升道德教育的实效性。

2.循序渐进

循序渐进是孔子施教的一种方法,孔子认为学习应从粗浅的知识开始学起,随着受教育者理解能力的逐步提升,提高学习内容难度,最终使其领悟博大而精深的知识。

夫子循循然善诱人,博我以文,约我以礼,欲罢不能。(《论语·子罕》)

《论语》借助颜渊之口，形容孔子教学循序渐进，善于引导受教育者，能够在教育中充分发挥受教育者的才智，使其能力逐步提升。而之后的教育家继承和发展了孔子这一教学方法。隋朝的王通认为，应先教学生《诗》《礼》，再教学生难于理解的《春秋》《乐》《书》《易》，体现了循序渐进的教学方法。同时，王通指出不按照循序渐进方法教学的危害。

> 若骤而语《春秋》，则荡志轻义；骤而语《乐》，则喧德败度；骤而语《书》，则狎法；骤而语《易》，则玩神。（《文中子·立命》）

王通认为，没有一定的基础贸然学习《春秋》《乐》《书》和《易》，就会因为理解能力不足，而导致学生无法领悟其中深刻的道理。明代的王守仁强调要根据每个人的天分施教，在教育过程中应注意循序渐进，不能盲目冒进，否则会适得其反。

> 先生曰："我辈致知，只是各随分限所及。今日良知见在如此，只随今日所知扩充到底；明日良知又有开悟，便从明日所知扩充到底。如此方是精一功夫。与人论学，亦须随人分限所及。如树有这些萌芽，只把这些水去灌溉。萌芽再长，便又加水。自拱把以至合抱，灌溉之功

皆是随其分限所及。若些小萌芽,有一桶水在,尽要倾上,便浸坏他了。"(《传习录·黄直录》)

王守仁运用类比的修辞方式,认为教育学生应同浇灌树苗一样,遵循客观规律,由浅入深进行教育,才能够收到良好的教育效果。

我国古代循序渐进的施教方法符合教育客观规律,将其应用到大学生道德教育中,对于提升其实效性具有积极意义。

在高校思想政治教育的过程中,应由浅入深地编写教材,为受教育者制定每一阶段的具体目标,且随着受教育者年龄的增长,理解能力的提升,使教材内容在广度上、深度上呈螺旋式上升,使受教育者能够真正体悟教育内容,并应用到生活实践中去。

3.寓教于乐

寓教于乐中的"乐",指的是集诗、歌、舞于一体的古代音乐形式。中华传统文化中"寓教于乐"的道德教育方法,指的是利用音乐、舞蹈、诗歌等多样化的形式培育个体的道德品行,是我国古代道德教育的特色之一。虽然寓教于乐的道德教育方式曾一度中断,但由于此方法能够在潜移默化中陶冶性情、提升道德修养,因此在现代道德教育中依然具有借鉴意义。

孔子十分重视音乐的道德教化作用。"子曰:'兴于《诗》,立于礼,成于乐。'"

继孔子之后,荀子也肯定了音乐的道德教化作用。荀子认为,音乐可以感动人的善心,使人能够自觉抵制歪风邪气,并强调通过音乐的熏陶和感染,能够启发人内心的自觉,养成良好的道德行为,进而起到移风易俗的作用。

> 故乐在宗庙之中,君臣上下同听之,则莫不和敬;闺门之内,父子兄弟同听之,则莫不和亲;乡里族长之中,长少同听之,则莫不和顺。(《荀子·乐论》)

此外,《礼记·乐记》中强调优雅的乐声能够陶冶性情,反之,浮躁而低俗的乐声会佚民淫乱,甚至使道德高尚的人变得低俗而邪恶。北宋的"二程"和明代的王守仁,十分重视通过歌咏舞蹈等形式开展教育活动,激发弟子的学习兴趣,使其能够在潜移默化中提升自身的道德修养。

中华传统的道德教育十分重视音乐对人的道德教化作用,认为悠扬、舒缓的乐声能够陶冶性情,劝人积极向善,增强人的自律意识,促使人完成道德践履;反之低俗而急促的乐声,会阻碍人道德品行的形成,对道德教育产生消极影响。在高校思想政治教育中,一方面应积极借鉴寓教于乐的教育方式,选取歌词内容积极向上、曲调舒缓悠扬的雅乐进行施教,能够促进受教育者尤其是青少年形成良好的道德品行;另一方面,国家宣传部门应对内容低俗、淫秽的音乐加大监管力度,禁止其制作与传播,规避其消极影响,塑造健康积极的文化氛围。

二、化民方法

在古代中华,社会中的贤能之士已经能够充分地认识到道德教化对于形成良好的道德风尚,培育敦厚朴实的社会风气,以及化育百姓等方面的重要作用。古代的思想家、教育家始终主张和提倡"广教化,美风俗",视教化为"先务""大务",总结出一整套行之有效的化民成俗的方法。探讨中华优秀传统文化在大学生道德教育中的价值,有必要对我国古代的化民方法进行更加深入的研究,借鉴其合理成分,以为今用。

1.兴学立教

我国古代开明的统治者已经意识到教育对于培育百姓道德品行的重要作用,大力支持和倡导兴学立教。中国古代的道德教化很大程度上是由封建统治者主持并推行的,历朝历代不仅设立专掌教化的官员,同时广设学校以施教化,引导百姓"以明人伦"。比如,唐代中央官学设"六学一馆",其中国子学、太学、四门学的教学内容以经学为主,传播儒家经典,进行社会教化。除中央办学,唐朝也在地方政府所在地设立官学,地方学校教育体制完备,也能够在推动地方社会教化方面发挥积极作用。此外,古代统治者为使教育范围扩大化,在乡里兴办社学,使底层民众能够接受教育。作为设立于乡里的官学形式,社学主要针对的是乡村儿童,使其农闲时可以有机会学习《孝经》《论语》《孟子》等儒家经典。至明清两代,皇帝亲自制定的教化民众的《圣谕》,实际上是官方主流价值观的集中体现,是官方的道德教科书,其内容涉及社会生活的方方面面,从人伦关系到守法意识均包含其中。为使《圣谕》的教化作用得到最大限度的发挥,宣讲《圣谕》是当时地方官员的一项重要职责,同时建立宣讲《圣谕》的保甲制度,推举地区内德高望重者承担宣讲《圣谕》的任务,并将《圣谕》的内容作为官员选拔考试的重要内容。

我国古代通过兴学立教的方式,广泛设立官学,创办社学,宣讲《圣谕》,能够起到教化民众、移风易俗的作用。随着我国高校思想政治教育的广泛普及和深入开展,政府应重视道德教育的重要作用,从中央到地方,广泛设立专门的道德教育机构,重视乡、镇、县等基层地区的道德教育,责成教育部门对道德教育机构教化实施情况予以监督,发动相关部门如博物馆、图书馆、展览馆等共同担负起培育大学生的任务,形成合力,共同推动高校思想政治教育的实施。

2.制定规约

规约是乡规民约的简称。所谓乡规民约,即乡里百姓从实际生活的需要出发,自愿组织并通过相互协商制定下来的,供大家共同遵守的行为规范。我国古代比较有代表性的乡规民约是北宋吕大钧与其兄弟一起制定的蓝田《吕氏乡约》,明代王守仁推行的《南赣乡约》和清代陆世仪实施的《治乡三约》。

蓝田《吕氏乡约》是北宋著名学者吕大钧与其兄弟一起,

为教化乡民所制定的,其内容主要包括德业相劝、过失相规、礼俗相交、患难相恤四个部分。其中德业相劝、过失相规这两部分内容,着重强调的是乡民所应具备的道德修养。《南赣乡约》是明代王守仁所推行的,其内容体现了王守仁"知行合一"的思想,劝导百姓积极进行道德实践。为保证乡约的顺利实施,王守仁颁布一系列告谕,并督促地方官员严格执行,使乡规民约从民众自觉遵守变为官方强制执行,虽然丧失了乡规民约温情说教的意味,但仍然对基层社会的教化具有积极意义。清代陆世仪的《治乡三约》,规定每乡公开选举一人做约正,负责知晓乡民的行事状况,并实施一系列鼓励善行、惩治恶行的举措。由此可知,我国古代的乡规民约宣扬的是儒家的纲常伦理,以公约的方式导人向善、淳美风俗。乡约经常附带有对于违约者的处罚措施,至明代以后官府逐渐参与乡规民约的制定,提升了乡规民约的约束力,对于维护社会秩序,纯化社会风气,具有积极作用。

我国古代士绅通过制定乡规民约的方法约束和教化当地百姓,力图全面整顿乡里秩序,使乡民彼此砥砺、劝勉、监督,形成淳朴的社会风气,在明朝以后借助官府的力量,使乡约民规更加具有约束力,对于民众的道德教化具有积极的意义。当今社会,加强和开展高校思想政治教育可以适当借鉴我国古代制定乡规民约的方法。

3.传承家训

中国古代家庭伦理关系,是以血缘和姻亲关系为前提,以封建宗法关系为基础形成的。中国古代社会非常重视家庭教育,将"齐家"视作"修身"的目标以及"治国"的基础。在封建社会,由于受到儒家思想的影响,人们往往希望自己能够出人头地、光宗耀祖,即便不能为家族争光,也不能让自己或是子孙的行为损害家族的威望。古人通过制定各种家训、家诫、家规和族规,教育和约束家族成员,培育其良好的道德品行和乐观向上的人生态度。北齐颜之推的《颜氏家训》,分为二十篇,全面阐述治家教子、道德修养等方面的内容。《颜氏家训》经过刊印后,在民间广为流传,对后世影响深远,被清代学者王钺誉为"篇篇药石,言言龟鉴,凡为人子弟者,当家置一册,奉为明训,不独颜氏"。此后,康熙的《庭训格言》、朱伯庐的《朱子家训》、曾国藩的《家训》等等,都能够反映出古人在道德观念、价值取向等方面的不同要求,对个人道德修养的提升具有一定的积极作用。

我们应注重吸收和借鉴古人通过制定家训、家规等对家庭成员进行道德教化的方法,使家庭成员树立规矩意识,自觉进行道德践履。习近平在《在 2015 年春节团拜会上的讲话》中指出:"家庭是社会的基本细胞,是人生的第一所学校。不论时代发生多大变化,不论生活格局发生多大变化,我们都要重视家庭建设,注重家庭、注重家教、注重家风。"因此,在当代高校思想政治教育中,应当重视家庭教育,通过制定家规、弘扬良好家风等方式,使每一位大学生能够在良好家风的感染和熏陶下,在家庭成员互相监督和鼓励下,自觉提升道德品行。

三、修身方法

中国古代社会,除了传统意义上的道德教育,还鼓励个人通过自身努力用自我教育的方式提升道德素养,并逐步产生和形成了多种个人进行道德修养的方法。虽然其中某些方法,比如冥想、打坐等,并不能真正提升道德境界,但通过细心甄别,就会发现某些古代先哲倡导的自我教育方法符合道德教育规律,对于当代社会提升大学生道德素养依然具有积极意义。

1.立志为先

立志,在道德领域内就是指培养一个人追求道德境界的自信心及成圣成贤的志向。① 中国古代的思想家、教育家,非常重视受教育者道德志向的确立,常将"立志"作为道德修养的第一步。而"立志"中的"志",一般指的是道德人格方面的志向。

　　　　人若志趣不远,心不在焉,虽学无成。(《经学理窟·义理》)

　　　　看今世学者病痛,皆在志不立。(《朱子语类·训门人六》)

------

　　① 　罗国杰.中国传统道德:教育修养卷(重排本)[M].北京:中国人民大学出版社,2012.

张载认为,如果没有远大的志向,不认真踏实地去努力,就会学无所成。朱熹认为,求学之人一切问题的根源,在于没有立志,强调立志对于道德修养的重要性。儒家思想肯定"人人皆可为尧舜",故而倡导人们树立远大志向,立志成为圣贤。

> 故立志而圣,则圣矣;立志而贤,则贤矣。志不立,如无舵之舟,无衔之马,漂荡奔逸,终亦何所底乎?(《王阳明全集·立志》)

王守仁认为,树立远大的志向,其在道德修养方面就会取得突出的成就,而未能树立志向的人,就没有方向和目标,最终一事无成,这就意味着志向的大小直接决定着道德修养方面所取得的成绩。

中国古代道德教育强调"立志"对于个人增强道德修养,提升道德境界的重要意义,不但将"立志"作为培养道德修养的第一步与最关键的一步,甚至许多先贤认为,志向的大小直接决定着道德修养方面成就的高低。这种观点虽然有些不切实际,但不可否认的是,志向的确立能够使人有一个前进的方向和目标,在内心树立起对自己成绩的美好期待,能够激励人们克服重重困难,砥砺前行,约束自身,积极进行道德践履。

因此,在高校思想政治教育中,应吸收和借鉴"立志为先"的修身方法,鼓励受教育者树立远大志向,朝着理想人格的目标不断努力,提升自身的道德境界。

2.慎独自律

"慎独自律"指的是一个人独自居处的时候,也要严格要求自己,防止自己产生违背道德规范的思想和行为。"慎独自律"是一种对于自身恶念和不良行为习惯的克制,体现的是一种严于律己的精神。"慎独自律"的思想,早在《诗经》中就已经有所体现。

　　　　相在尔室,尚不愧于屋漏。(《诗经·大雅·抑》)

句中的"屋漏",本指古代室内西北隅施设小帐的地方,后指代隐蔽之处。此句话的意思是,即使一个人独处于屋子里最阴暗的地方,依然要做到内心光明磊落,不做不符合道德规范的事。

"慎独"一词,最早出现在儒家经典《礼记》中,意思是即便在别人看不见、听不见的地方,君子也应时刻保持戒慎恐惧的状态,严格要求自己不违背道德原则。

　　　　道也者,不可须臾离也,可离非道也。是故君子戒慎乎其所不睹,恐惧乎其所不闻。莫见乎隐,莫显乎微,故君子慎其独也。(《礼记·中庸》)

后世学者的文章著述中,多有体现弘扬"慎独自律"精神的内容。

> 类君子之有道,入暗室而不欺。(骆宾王《萤火赋》)
>
> 弗欺暗室,岂况三光。(《梁书·简文帝纪》)
>
> 兰生幽宫,不为莫服而不芳;舟在江海,不为莫乘而不浮;君子行义,不为莫知而止休。(《淮南子·说山训》)

在此基础上,宋明理学家和清代学者将"慎独自律"视作一种重要的道德修养方法,并对其进行系统全面的讲解,劝勉弟子将其贯彻于日常生活中。

> 独者,人所不知而己所独知之地也。言幽暗之中,细微之事,迹虽未形而几则已动,人虽不知而己独知之,则是天下之事无有著见明显而过于此者。是以君子既常戒惧,而于此尤加谨焉,所以遏人欲于将萌,而不使其滋长于隐微之中,以至离道之远也。(《四书章句集注·中庸章句》)

此段话是朱熹对于《礼记·中庸》中"故君子慎其独也"的具体阐释。朱熹认为,独处时也应保持谨慎戒惧的态度,节制自己的私欲,提升自身的道德修养。告诫弟子不能因为独处时无人知晓自己的行为,就放松对自身的要求。

> 凡对人者,接于目而睹,则戒慎其仪容;接于耳而闻,则恐惧有愆谬。君子虽未对人,亦如是,为动辄失道,而不使少疏也。(《戴震全集·中庸补注》)

戴震认为,君子在自己独处的时候,也应同与人交往的时候一样,严格要求自己,警惕自己的行为,避免犯错误。

综上所述,我国古代的学者对于"慎独"的具体含义虽然存在一定的分歧,但是在其对"慎独"的解释中,都包含着在一个人独处的时候应严格自律,努力使自己的思想与行为符合道德要求的精神。虽然古代"慎独自律"的道德修养方法所要达到的具体目标与现代社会大学生道德教育的目标有所不同。但是"慎独自律"的道德修养的方法,却可以引入到高校思想政治教育中,作为提升道德教育实效性的重要途径。不可否认,大学生道德修养不仅仅体现于个体公共生活中的所作所为,更体现于个体在无人观察时其行为是否符合道德规范。在高校思想政治教育中,将"慎独自律"的修身方法传授给受教育者,能够促进受教育者严于律己,时刻督促和规范自己的思想与行为符合道德规范的要求,对于增强大学生道德修养颇有裨益。

3.躬身笃行

"躬身笃行"指的是"亲自实行,就是实行道德,就是按照道德规范做事,就是从事符合道德规范的实际活动"①。"躬身笃行"是一种自觉进行道德实践的自我修养方法。我国历代思想家在不同程度上肯定了道德实践的重要性,倡导按照道德准则和规范积极进行道德践履,提升自身道德修养。孔子十分重视躬身笃行,反对言过其行、言行不一的行为。

> 君子欲讷于言而敏于行。(《论语·里仁》)

孔子认为,君子应多干实事,切忌空谈,努力使自身的言行保持一致。

荀子认为,道德修养方面的提升与精进,不能满足于熟悉道德规范,而是要以将道德规范付诸自己的实际行动为目标。

> 学至于行之而止矣。(《荀子·儒效》)

荀子将理论学习与道德实践联系在一起,充分强调了道德实践对于道德修养提升的重要意义。

宋明理学家在"知""行"关系方面进行集中的讨论,取得了丰硕的成果。虽然宋明理学中各家各派的观点不甚相同,但从整体上讲,均不同程度地倡导人们自觉进行道德实践。

---

① 孙英.论躬行:培养个人道德意志的道德修养方法[J].上海师范大学学报(哲学社会科学版),2008(2):24.

> 知、行常相须，如目无足不行，足无目不见。论先后，
> 知为先；论轻重，行为重。(《朱子语类·论知行》)
> 学之之博，未若知之之要；知之之要，未若行之之实。
> (《朱子语类·力行》)

由此可知，朱熹倡导"知行常相须"，肯定道德实践的重要性，倡导世人在熟悉道德规范的基础上，积极进行道德实践。然而，后人却对其"先知后行"的观点理解偏颇，至明朝中期逐渐形成了"不知不行"的社会风气。王守仁为消解时弊，重塑社会良好的道德风尚，提出"知行合一"的观点，其实质是大力倡导道德实践。

> 凡谓之行者，只是著实去做这件事。(《王阳明全集·答友人问》)

王守仁强调道德认识转化为道德行为的重要性，批判当时社会上人们只是一再向外界探寻道德规律，而忽视道德实践的现象。但王守仁"知行合一"的思想，容易使后人产生误解，形成"以知销行"的观点，冲淡道德实践的重要性。

清代的颜元提出"践履习行"的观点，在其著述中将道德实践置于最重要的位置，认为道德修养提升的唯一途径就是道德实践。读书无他道，只需在"行"字着力。如读"学而时习之"，便要勉励时习，读"其为人孝悌"，便要勉励孝悌，如此

而已。

　　"人之为学,心中思想,口内谈论,尽有百千义理,不如身上行一理之为实也。"(《颜元集·颜习斋先生言行录》)

　　颜元反对朱熹"知先行后"、王守仁"知行合一"的观点,认为"行"高于"知",只有实践才能够使人真正掌握道德规范,倡导人们积极进行道德实践。当代高校思想政治教育中,教育者应借鉴中华优秀传统文化中"躬身笃行"的道德修养方法,大力倡导大学生自觉进行道德实践,使其养成良好的道德行为习惯,积极主动按照道德规范的具体要求约束和引导自身行为,用实际行动促进社会良好道德风尚的形成。

第四章 中华优秀传统文化融入高校思想政治教育的困境及成因

在全面加强和深化高校思想政治教育的新形势下,提炼整合中华优秀传统文化中的道德教育资源,能够优化道德教育模式,丰富道德教育内容,加强道德教育效果,促进高校思想政治教育实效性的提升。然而,受历史和现实多重因素的影响,中华优秀传统文化在高校思想政治教育中价值的实现,却面临重重现实困境。总结中华优秀传统文化在大学生道德教育中价值实现的困境并对其成因加以分析,对于探索中华优秀传统文化在高校思想政治教育中价值实现的路径具有重要意义。

第一节 中华优秀传统文化在高校思想政治教育中的价值实现困境

中国特色社会主义进入新时代,标志着中华大学生道德建设也已进入了新的发展阶段。党和国家以及各方有识之士,已经充分认识到中华优秀传统文化在高校思想政治教育中所表现出的重要价值,积极推动中华优秀传统文化资源的开发,并试图将其应用于大学生道德教育中,促进高校思想政治教育发展。然而,中华优秀传统文化在高校思想政治教育中价值的实现,面临着价值实现资源开发不充分、价值实现渠道过于单一、价值实现环境缺乏净化、价值实现保障体系薄弱等严峻挑战,需要我们去采取措施,寻求应对之法。

一、中华优秀传统文化价值实现的资源利用不足

目前,中华优秀传统文化在高校思想政治教育中的价值已经得到了学界的充分肯定,王双同提出:"把公民道德建设作为实施文化强国战略的重要组成部分,植根并汲取传统文化的精髓,科学运用到公民道德的建设中,将有利于全面提升公民道德建设水平。"①然而,关于中华优秀传统文化价值实现资源的开发与利用,其力度、广度和深度都有所欠缺。

第一,学界对价值实现的资源关注程度不够。学界关于高校思想政治教育和传统文化的单项研究均取得不菲的成绩,与其相关联的学科方向,诸如中国古代伦理思想、中国古代德育思想、中国古代德育方法、中华传统文化教化思想等方面都取得了深入进展,拥有大量的研究成果。然而,截至目前,学界关于中华优秀传统文化在大学生道德教育中的价值研究,尤其是对中华优秀传统文化价值实现资源方面系统性

---

① 王双同.以传统文化开辟公民道德建设新思路[J].人民论坛,2016(25):238.

分析的研究成果更是寥寥无几。笔者梳理相关研究成果发现，大部分研究者只有一篇相关研究论文，没有后续的研究成果，同时，研究成果存在选题单一、创新性不够等方面的问题，充分说明学界对于中华优秀传统文化在高校思想政治教育中价值实现资源的关注度不高。

第二，学界对价值实现的资源挖掘深度不够。首先，研究者对于中华传统文化价值元素的提炼缺少系统性。大多数研究者主要从儒、释、道三种文化中提炼出具有启示性的语句，与高校思想政治教育中的某项内容相联系，以此论证中华优秀传统文化在大学生道德教育中的价值。研究者所选取的中华传统文化价值元素往往大同小异，对于传统文化价值元素缺乏系统整合和深入分析探讨。其次，缺少对于中华传统文化整体性价值的研究。大多数研究偏重于对中华传统文化中某些观点的提炼，而忽视了传统文化作为一个整体，所具有的以文育人、以文化人的功能。此外，中华优秀传统文化在大学生道德教育中的研究基本上偏向于理论阐释，从目前的研究成果来看，缺少关于传统文化价值元素如何融入高校思想政治教育中的深入分析，故而缺乏实用性。

第三，学界对价值实现的资源缺乏广泛关注。中华优秀传统文化在高校思想政治教育中的价值，不仅体现在思想文化中，也蕴含在器物文化、节日文化、礼乐文化，乃至制度文化中。比如中华儿女在历史中运用精湛高超的技艺，制造的青铜器、陶器、玉器、金银器，建造的皇家宫苑、楼阁亭台、古典园林、坛庙寺观、石窟佛塔、特色民居等,这些具有重要价值的文物,能够体现中华儿女自强不息的精神;中国古代的蒙学读物,如《三字经》《百家姓》《千字文》《童蒙须知》《弟子规》等,涵盖了饮食起居、读书写字、洒水扫地、待人接物等各方面规范,对于今天青少年行为习惯的养成依然具有重要作用;中国古代"寓教于乐"的教育方法,通过美好的音律陶冶性情,提升道德素养,至今依然具有借鉴意义。而学者普遍关注中华优秀传统文化中思想文化的价值,缺少对于思想文化以外其他文化类型价值的研究。

二、中华优秀传统文化价值实现的途径过于单一

"公民道德教育是社会的公共事业,有赖于社会各教育部门和各种教育力量的紧密联系与通力合作。"①然而,由于社会与家庭的教育比较分散,难以有效整合,相比之下学校教育相对系统、全面,对人的影响也较为深远和彻底,因此在我国高校思想政治教育中学校教育依然是高校思想政治教育的主要组成部分。然而,在学校教育中,虽然屡屡提倡要激发受教育者的积极性主动性,采取灵活多样的教学方式,但是由于学校学生人数多、学习科目多、学习任务重等原因,大学生道德教育的改革难以深入。就目前来看,课堂教学依然是高校思想政治教育实施的主渠道。这就意味着,中华优秀传统文化在

① 冯永刚.构建现代公民道德教育体系的必要性及路径选择[J].教育理论与实践,2017(4):50.

高校思想政治教育中的价值,主要通过课堂教学来实现。课堂教学单一的价值实现渠道,致使中华优秀传统文化价值的实现受到时间限制、空间制约和教育手段的束缚,不利于中华优秀传统文化价值的顺利实现。

第一,课堂教学致使中华优秀传统文化价值实现受到教育时间的限制。一般而言,学校教学每门科目有固定的教学时间,在义务教育、普通高中教育和高等教育阶段,每堂课的教学时间为45分钟左右(高等教育阶段一次上两节课)。而大学生道德教育没有专门的课程设置,其内容在义务教育阶段融入《道德与法治》课程中,在普通高中教育阶段体现在《思想政治》课程中,在高等教育阶段体现在《思想道德修养和法律基础》课程中。从课程安排的角度来讲,上述课程,排课次数一般为一周1~2次。加之,此类课程在升学考试中比重较小,学校、学生和家长对于课程的重视程度也明显不够,甚至会出现临时取消课程的现象。由此可知,学校教育中高校思想政治教育的时间极为有限,中华优秀传统文化的价值难以在有限的课堂教学时间内得到实现。

第二,课堂教学致使中华优秀传统文化价值实现受到教育空间的制约。一方面,课堂教学致使施教地点局限在教室,诚然,教师可以通过现代化的教学方式,如播放视频等形式,打破教育空间的制约,使学生感受到中华优秀传统文化的魅力所在,并将中华优秀传统文化中的精华内容与高校思想政治教育相联系,促进学生在潜移默化中提升道德修养。但即便如此,课堂教学的理论说教和思想灌输远不如带领学生亲临现场、亲自感受中华优秀传统文化的魅力来得更为真切,造成中华优秀传统文化价值实现受到制约。另一方面,隐性高校思想政治教育的实施力度不够,使中华优秀传统文化价值实现受到空间的制约。隐性高校思想政治教育,能够通过对受教育者生活环境施加影响,在潜移默化的过程中提升大学生道德素养。也就是说,隐性高校思想政治教育的实施能够使中华优秀传统文化的价值实现,不仅局限于课堂本身,而是延伸到受教育者的生活环境,使其在中华优秀传统文化的熏陶中实现道德素养的提升。目前,就高校思想政治教育而言,教育者依然习惯于通过课堂教育灌输道德规范、行为准则方面的内容,而不是从贴近受教育者生活与实际的角度来理解教育对象;在教育载体方面,尚不能够充分利用网络平台、实践活动等隐性思想政治教育载体开展教育活动;在环境建设方面,呈现出以校园物质建设为重点,忽视校园文化环境建设等倾向,上述原因致使隐性高校思想政治教育的发展极不充分,导致中华优秀传统文化价值无法融入隐性的高校思想政治教育中,造成其价值无法得到充分的实现。

第三,课堂教学致使中华优秀传统文化价值实现受到教育方式的束缚。研究人员与教育工作者积极倡导实现高校思想政治教育方式的多样化,然而,不可否认的是,在当下高校思想政治教育中,居于主导地位的学校教育在课堂教学中依然以理论灌输为主要的教学方式。中华优秀传统文化历史悠久,博大精深,尤其是其中的思想文化,其表述方式与现代汉语的语言习惯有很大差异,单纯靠理论灌输式教育,会使传统文化的魅力大打折扣,甚至有可能造成受教育者由于无法完全理解中华优秀传统文化的丰富内涵,而对中华优秀传统文化产生抵触和厌恶的心理,致使中华优秀传统文化在高校思想政治教育中的价值无法顺利实现。

三、中华优秀传统文化价值实现的环境缺少净化

中华优秀传统文化价值的实现,需要具有浓厚中华优秀传统文化氛围的教育环境作为保障。浓厚的中华优秀传统文化氛围,能够激发大学生对于中华优秀传统文化的兴趣,促进其了解和热爱传统文化,使高校思想政治教育能够与中华优秀传统文化相结合,顺利实现中华优秀传统文化价值,共同提升大学生道德修养。高校思想政治教育的环境复杂多变,各种要素相互作用、相辅相成,共同影响大学生对于中华优秀传统文化的接受度和认同度,从而影响中华优秀传统文化在大学生道德教育中价值的实现。目前,外来文化的大量涌入、流行文化的持续发展,不断冲击中华优秀传统文化的地位,加之社会上关于中华优秀传统文化认识的错误思潮不断涌现,致使中华优秀传统文化价值实现的环境不容乐观。

第一,外来文化大量涌入冲击中华传统文化的地位。改革开放以来,随着我国对外交流合作范围的日益扩大,外来文化开始逐步进入中国民众的视野。同时,以美国为主的西方

发达国家,对外积极推行"强势文化"政策,不断向发展中国家输出大量具有本国特色和意识形态的文化产品,企图对世界各国开展具有政治意义的文化渗透。西方国家的商品品牌、电影大片、电视节目、宗教节日(情人节、圣诞节、愚人节)等,逐步受到国人的青睐,甚至使国人产生崇洋媚外的心理。"以美国为主的西方文化不仅对中国传统文化构成威胁,而且对世界其他民族的传统文化也构成威胁,企图使以美国为主的西方文化一统天下。"①大众对于西方文化产品的盲目追捧,一定程度上影响了大学生对于中华优秀传统文化的认同度,致使中华优秀传统文化的地位在国民心中逐步下滑,对高校思想政治教育中中华优秀传统文化价值的实现产生了消极的影响。

第二,流行文化盛行抑制中华优秀传统文化的传承。随着科技不断发展进步,以互联网为主体的现代传播方式已在中国社会实现基本普及。当前,以互联网为主要传播途径,以手机、电脑为主要传输媒介的流行文化,得到更广泛地传播和更迅速地发展。近年来,我国网剧异军突起,收视率大幅增加,网剧已经逐渐显露出超越电视剧的影响力;网络电影虽然质量良莠不齐,但数量却不断增加;"网红"作为一种收入丰厚、工作时间自由的新兴职业,颇受青年人的追捧。流行文化的持续高速发展,不断涌入人民的生活已成为不可否认的事

---

①　曹德本.中国传统文化与世界多元文化[J].清华大学学报(哲学社会科学版),2001(4):2.

实。然而,流行文化的大部分内容呈现出多元化的价值取向以及过度迎合大众的审美趣味,流行文化的发展繁荣驱使人们盲目追求新鲜、刺激的文化娱乐方式,在一定程度上促使人民群众审美观念的转变,这就不可避免地加大了中华优秀传统文化的传承与弘扬难度,阻碍高校思想政治教育在中华优秀传统文化中价值的实现。

　　第三,关于中华传统文化认识的错误思潮不断涌现。当前,国内社会思潮多种多样,关于中华传统文化认识的错误思潮主要有两种:一种是文化虚无主义思潮,主张全盘否定中华传统文化,并对中华传统文化进行歪曲化、碎片化处理,其实质是主张"全盘西化",这种思潮动摇中华优秀传统文化在中华儿女心目中的地位,冲击国人的文化自信,对于中华优秀传统文化价值的实现具有消极影响;另一种是文化复古主义思潮,其盲目推崇中华传统文化,认为应不加取舍地学习和继承,"主张儒化现代中国社会,返回孔孟之道,在社会上提倡尊孔运动,倡导诵经复古,反对马克思主义,排斥西方文化精华"①。这种思潮没有对中华传统文化进行科学分析,将传统文化中的精华与糟粕一概继承,以这种思潮为指导会促使在高校思想政治教育中涌现与大学生道德基本规范不相适应,乃至与现代大学生权利与义务相违背的传统文化内容,进而降低大学生对于中华优秀传统文化价值的认同度。

_____

　　① 　卢黎歌,程馨莹.如何认识和分析历史虚无主义思潮[J].西安交通大学学报(社会科学版),2014(6):80.

四、中华优秀传统文化价值实现的保障体系薄弱

中华优秀传统文化价值实现的保障体系是中华优秀传统文化在高校思想政治教育的价值得以顺利实现的关键所在。目前,政府部门并没有着力构建高校思想政治教育中中华优秀传统文化价值实现的保障体系,因此无法有效整合社会多方力量,促进其价值的实现。

第一,中华优秀传统文化价值实现的制度保障尚不完善。诚然,在高校思想政治教育中充分利用中华优秀传统文化的价值以提升教育的实效性,这一观点已经体现在某些国家大政方针政策中。中共中央在2001年颁布的《公民道德建设实施纲要》中,提到"要积极开发优秀民族道德教育资源"。2017年,中共中央办公厅、国务院办公厅印发《关于实施中华优秀传统文化传承发展工程的意见》,指出"传承发展中华优秀传统文化,就要大力弘扬自强不息、敬业乐群、扶危济困、见义勇为、孝老爱亲等中华传统美德"。然而,国家并没有制定和实施中华优秀传统文化在大学生道德教育中价值实现的专项细则,相关部门鲜有建立和完善相关工作制度,致使传统文化价值实现仅仅存在于理论研究的领域,或是流于零散的自发行为,缺乏系统性价值实现的具体行动。

第二,中华优秀传统文化价值实现的组织保障尚不完备。中华优秀传统文化在高校思想政治教育中价值的实现,需要经验丰富的教育者进行组织、引导和实施。高校思想政治教

育的受教育者人数众多、年龄跨度大、文化程度差异大,致使高校思想政治教育的组织和实施难度加大,同时也增加了高校思想政治教育中中华优秀传统文化价值实现的难度。一般而言,中华优秀传统文化在高校思想政治教育中价值的实现,主要由地方各级党委负责组织和监管,地方各级宣传部门负责动员与推广,高校思想政治教育单位以及其他具有大学生道德教育职能的部门统一进行安排、部署,并组织专业的教育人员(各类学校负责道德教育的教师、社区负责道德建设的工作者等),动员非专业的教育人员(学校从事学生工作的行政人员,共青团、学生会负责人,受到各级表彰的道德模范,中华传统文化相关部门的工作人员,中华优秀传统文化传承者,中华优秀传统文化爱好者等)共同负责具体实施。目前,大多数专业的道德教育者不仅仅从事大学生道德教育工作,同时还要从事思想教育、政治教育、心理辅导等工作,而非专业的教育人员往往缺乏中华优秀传统文化价值实现的自觉性、主动性,抑或无法兼具中华优秀传统文化和大学生道德教育两方面的素养,致使中华优秀传统文化在高校思想政治教育中价值的实现,缺少具有高校思想政治教育经验和较高中华优秀传统文化素养的教育人员。

第三,中华优秀传统文化价值实现的经费保障尚不充足。高校思想政治教育中中华优秀传统文化价值实现倘若没有充分的经济基础为支撑,那么中华优秀传统文化在高校思想政治教育中所表现出的有用性就只能沦为一纸空谈。高校思想政治教育,作为精神文明建设的一种,其产生的直接经济效益是极其有限的,因此更需要国家和政府给予相应支持。目前,国家对于高校思想政治教育价值实现方面的科研教学、基础设施建设、中华优秀传统文化资源保护等方面的物质支持力度尚显不足,无法充分调动和整合社会各方面的资源和力量,致使中华优秀传统文化在高校思想政治教育中价值实现的条件尚不充分。

第二节　中华优秀传统文化在高校思想政治教育中的价值实现困境成因

　　中华优秀传统文化在高校思想政治教育中价值实现的保障体系薄弱、资源开发不充分、渠道过于单一、环境缺乏净化等问题的出现,并非是短时间内造成的,也并非是一种因素导致的。通过分析,笔者认为中华优秀传统文化在高校思想政治教育中价值实现困境的原因主要集中在以下几个方面,即高校思想政治教育忽视中华优秀传统文化价值,传统文化在历史发展传承中弱化,中华优秀传统文化产业在现实中创新发展滞后和教育主体缺乏中华优秀传统文化基本素养。

一、高校思想政治教育忽视中华优秀传统文化价值

　　诚然,中华优秀传统文化在高校思想政治教育中的价值已经得到专家学者的普遍认同,但是在高校思想政治教育实

施的过程中,中华优秀传统文化的价值却没有得到足够的重视,致使高校思想政治教育未能充分吸纳中华优秀传统文化价值元素。

首先,高校思想政治教育的相关部门未能足够重视中华优秀传统文化价值。各级党委、教育部门是本地区、本单位道德教育工作的主要责任部门,同时应是中华优秀传统文化价值实现的组织和领导部门;高校学生工作部门、教育教学管理部门、文化宣传部门,应是中华优秀传统文化价值实现的推动力量;社会中中华优秀传统文化机构,例如图书馆、博物馆、展览馆,也应承担传统文化价值实现的责任。但大部分相关部门尚未意识到中华优秀传统文化价值实现对于高校思想政治教育的重要意义,未能充分发挥其组织和导向作用来引领中华优秀传统文化价值的实现。

其次,高校思想政治教育的教育者未能充分利用中华优秀传统文化价值。高校思想政治教育的教育者在从事高校思想政治教育的过程中,未能将中华优秀传统文化的价值元素作为教材内容的补充,传授给受教育者。在教学过程中,部分高校思想政治教育的教育者没有充分将高校思想政治教育的内容与中华优秀传统文化中蕴含的道德观点、历史典故、名人事迹等相结合,依然以理论灌输为主要教学方式,未能充分运用诸如礼教、诗教、乐教、身教等至今仍具有启示意义的教学方式,提升高校思想政治教育的效果。

二、中华优秀传统文化在历史发展传承中弱化

在封建社会,中华民族具有高度的文化自信,以天朝上国自居,恢宏灿烂、丰富多彩的文化是中华儿女的骄傲与自豪,同时影响着其他国家文化的风格。公元 7 世纪至 9 世纪,当时我国正处于文化鼎盛时期——唐朝,日本派使者来到中国学习文化,将所得到的赏赐"尽市文籍,泛海而还"。16 世纪欧洲至东方航线开辟,中国的瓷器、丝绸等艺术品大量输入欧洲,中华文化直接影响着西方宫廷贵族的审美趣味,洛可可艺术风格的产生也直接受其影响。然而,近代以来中华优秀传统文化在历史发展传承中逐步弱化,在国人心目中的地位也有所下降。

首先,西方列强侵略摧毁了大量文物,破坏中华传统文化资源。1840 年第一次鸦片战争爆发后,西方列强不但要求我国割地、赔款、开放通商口岸,对我国进行政治、经济上的剥削,同时在文化方面也大肆进行摧毁和掠夺。第二次鸦片战争时,英法联军纵火焚烧圆明园,致使园内建筑物被烧毁殆尽,大量稀世珍宝被洗劫一空,有些不便拿走的文物竟被英法联军当场摔碎、焚毁。敦煌莫高窟的壁画和经卷,也被别有用心的外国人通过欺骗、贿赂、偷盗等多种方式进行巧取豪夺,至今仍有很大一部分经书壁画散佚在世界各国。而随着日本侵华战争的爆发,距今约 50 万年的北京猿人头盖骨在转移过程中遗失,至今仍然下落不明。西方列强的侵略导致我国大

量文化遗产毁坏和流失,使中华优秀传统文化传承的难度大大增加。

其次,近代以来的反传统文化运动,使传统文化资源进一步流失,消解了传统文化的主导地位。经过洋务运动、戊戌变法、辛亥革命等一系列运动的失败,当时一些先进的知识分子认为中国腐朽落后的封建统治制度以及在此基础上形成的传统文化,使中国广大民众习惯于逆来顺受的生活,丧失独立思考的能力,没有形成反抗外来侵略和压迫的决心与勇气,这才使中国一系列改变自身、反抗外来侵略的活动均遭受严重的失败。在新文化运动中,陈独秀、李大钊、鲁迅、胡适等人集中批判传统礼教,其实质是破除封建制度中专制、愚昧、落后的思想因素,打破中国人固有的思维定式,将西方科学、民主的理念引入中国。为了彻底消除中国人根深蒂固的落后思想,新文化运动后期,一些学者采取对中华传统文化全盘否定的态度,将中华传统文化的精华与糟粕等同起来一同进行批判,使国人开始对传统文化的价值产生怀疑。

三、中华优秀传统文化在现实中创新发展滞后

中华优秀传统文化在高校思想政治教育中价值的顺利实现,需要对中华优秀传统文化进行创新发展,使其积极作用得到最大限度的发挥。习近平十分关注中华优秀传统文化的传承与发展,他指出:"要处理好继承和创造性发展的关系,重点

做好创造性转化和创新性发展。"①

　　然而,在现实中中华优秀传统文化的创新发展相对滞后,主要表现为以下三个方面。

　　第一,中华传统文化内容的创造性转化亟待加强。中华传统文化产生的社会基础是以宗法关系为依托的封建社会制度,因而其中必然含有不适宜现代社会进步与发展的内容。同时,中华传统文化也含有跨越时代、超越国度,具有永恒价值的内容,对于当今我国社会发展乃至全球人类共同进步,具有积极意义。中华传统文化内容中的精华部分与糟粕部分的界限并不十分明确,甚至有些内容中精华与糟粕并存,因此需要社会各界对于中华传统文化内容进行梳理、加工以及再创新。虽然当前社会各界对中华传统文化的创造性转化引起了足够重视,但其成果却乏善可陈,具体而言:部分书籍只是学者的研究性著作,语言晦涩难懂,难以得到广大人民的青睐;部分书籍只选取中华传统文化内容进行转述,并没有对其进行加工转化,以至于市面上关于中华传统文化的书籍虽浩如烟海,却内容驳杂,难以激起读者的阅读兴趣;部分书籍只是借助中华传统文化中的某些元素,对其进行虚构式加工创造,诸如穿越小说、修仙小说等,此类作品虽然能够激起读者对于中华传统文化的兴趣,但作者只是借助中华传统文化展现故事情节,读者无法从中领会到中华传统文化中真正有价值的

　　① 习近平.把培育和弘扬社会主义核心价值观作为凝魂聚气强基固本的基础工程[N].光明日报,2014-02-26(1).

内容;还有些书籍对于中华传统文化进行积极的转化,但目前只停留在初级阶段,对中华传统文化中有价值的内容创造性转化的深度不够、力度不足;还有些组织出于营利的目的,打着弘扬中华优秀传统文化的旗号,运用不正当的方式和手段推销自己的产品,甚至有些组织用中华传统文化中的糟粕内容,如女德班等,束缚人们的思想。因此,中华传统文化的内容亟须有识之士对其进行创造性转化,以期能够充分发挥中华优秀传统文化在高校思想政治教育中的价值,提升学生道德素养。

第二,中华优秀传统文化的多种表现形式未能充分发展。中华优秀传统文化涉及多个领域,包括哲学、历史、宗教、饮食、建筑、艺术、民俗、文学、体育、杂技、医药、手工艺等,具有多样化的表现形式。目前,中华优秀传统文化的某些表现形式,尤其是非物质文化遗产,诸如京剧、昆曲、皮影戏、刺绣、剪纸等还存在着传承活动开展困难、后继人才缺位等问题,甚至有些非物质文化遗产因无法创造出较大的商业价值,以及国人对其欣赏和理解困难等,逐步淡出人们的视线,出现后继无人、濒临失传的现象。比如传统中国画颜料加工技艺的继承者仇庆年,他从自然界的矿物和植物中提取原料,经过手工打磨和沉淀分离之后,使一种颜色能够呈现出不同的层次,运用这些颜料进行绘画,能够使国画的颜色明亮纯净、华丽稳重。国画中常使用的胭脂、青绿等色,无法用化工制作的颜料替代,必须依靠特殊的加工技艺和足够的体力、耐力进行人工打磨。然而,由于制作国画颜料异常辛苦,虽然仇庆年几年来在全国各地广泛宣传,大力推广,却始终收不到徒弟传承这门技艺,中国画颜料加工技艺濒临失传。

第三,中华优秀传统文化的载体未能与时俱进。一方面,随着信息技术的革新和发展,互联网已经进入人们的日常生活中,智能手机作为自媒体传播的载体也已得到广泛普及,致使信息的传播速度呈几何倍增长。中华优秀传统文化的内容未能充分同互联网、智能手机等新载体有效结合,互联网中弘扬中华优秀传统文化的内容并不多见,致使其无法及时进入人民群众的视野,不能得到广泛的传播。另一方面,每一个时期都有能够受到广大人民喜爱的文化载体,当下流行的文化载体,表现出人们乐于以何种方式接受文化的传播特征。目前,中华优秀传统文化与新兴的文化载体结合程度明显不足,载体单一且过于陈旧,致使中华优秀传统文化无法以百姓喜闻乐见的形式进行传播,无法激起广大民众,尤其是青少年对于中华优秀传统文化的兴趣。

四、教育主体缺乏中华优秀传统文化基本素养

高校思想政治教育的主体,是一个比较广泛的概念,既包括专职的高校思想政治教育者,也包括兼职的高校思想政治教育者,还包括特定时间和空间内对于特定的对象施加道德教育的施教者。在高校思想政治教育中,受教育者思想品德塑造所需要的价值内容和环境需要教育者去精心组织和营

造,教育者在教育过程中起着不可或缺的重要引导作用。① 中华优秀传统文化在高校思想政治教育中价值的实现,需要教育者将中华优秀传统文化的内容自觉融入教育中,营造浓厚的中华优秀传统文化氛围,使受教育者在潜移默化中受到中华优秀传统文化的熏陶和感染,自觉形成向上向善的道德品行。由此可见,中华优秀传统文化在高校思想政治教育中价值的顺利实现,需要教育主体具备良好的中华优秀传统文化素养,这是教育主体充分利用中华优秀传统文化资源,实施高校思想政治教育的基础和前提。教育主体是否具备足够的中华优秀传统文化素养,对于高校思想政治教育中中华优秀传统文化价值的顺利实现起到至关重要的作用。

然而,高校思想政治教育的教育主体却普遍缺乏中华优秀传统文化基本素养,导致传统文化价值实现面临重重困难。具体而言,学校中的专职教师,一般仅接受道德教育方面的专业训练,缺乏对于中华优秀传统文化知识的系统性学习。社会中从事道德教育的工作者,如各级道德模范、社区道德教育工作者等,自身的中华优秀传统文化素养良莠不齐。家庭中的道德教育,通常由父母、长辈负责。不可否认,某些家庭成员深受传统文化的熏陶,具有较高的中华优秀传统文化素养,甚至某些家庭本就是书香门第,已然形成浓厚的中华优秀传统文化氛围,对于中华优秀传统文化的传承起到积极作用。

---

① 　张耀灿,陈万柏.思想政治教育学原理[M].北京:高等教育出版社,2001.

但这种现象只存在于少数家庭中,大部分承担起子女道德教育的家庭成员,其中华优秀传统文化素养不足以在其进行道德教育的过程中呈现中华优秀传统文化的价值。高校思想政治教育中,教育者缺乏中华优秀传统文化基本素养,对中华优秀传统文化知识的掌握严重不足,对中华优秀传统文化在高校思想政治教育中的价值缺乏全面而深刻的认识,不能够充分利用中华优秀传统文化资源提升其实效性。具体而言,在理论知识传授方面,教育者中华优秀传统文化素养的缺乏,使其无法在教育过程中自如引用古典文献的内容,生动诠释古典文献中伦理道德思想的深刻内涵,致使泛泛而论和牵强附会的现象时有发生;在施教的过程中,无法引导教育对象通过接触和学习中华优秀传统文化,并在中华优秀传统文化的影响下,自觉进行道德修养;在开展教育活动方面,教育者在中华优秀传统文化活动同道德教育内容结合的方向上,缺少深入的探索和大胆的尝试;在教学环境的塑造方面,教育者无法有意识地去营造浓厚的中华优秀传统文化氛围,发挥其育人功能。

第五章　中华优秀传统文化融入高校思想政治教育对策

探讨中华优秀传统文化在高校思想政治教育中价值实现的路径,有效提升高校思想政治教育的实效性,是高校思想政治教育自身发展的内在需要,同时也是不断加强和深化大学生道德建设的外在要求。

中华优秀传统文化在高校思想政治教育中价值的实现,是提升大学生道德境界的重要条件,也是传承和弘扬中华优秀传统文化的必然选择。

本文分析中华优秀传统文化在大学生道德教育中实现问题及成因的基础上,从明确中华优秀传统文化的道德教育原则、完善中华优秀传统文化的道德教育要求、利用中华优秀传统文化的道德教育载体、营造中华优秀传统文化的道德教育环境、构建中华优秀传统文化价值实现的保障体系、提升中华优秀传统文化融入高校思想政治教育的机制等方面入手,全方位、多层次解决传统文化在高校思想政治教育中价值实现存在的问题,不断促进高校思想政治教育的发展,力求服务于大学生道德建设,提升全民道德素质。

第一节　明确中华优秀传统文化的道德教育原则

中华传统文化,既包含着至今仍具价值的精华内容,也包含着与现代社会发展相违背的糟粕,其自身已然形成一个较为复杂而独立的系统。因此,在高校思想政治教育中,必须遵循一定的道德教育原则,才能够最大限度发挥中华优秀传统文化的积极作用,提升大学生的道德境界。

一、方向性原则

方向性原则指的是实现中华优秀传统文化在高校思想政治教育中的价值,应坚持以马克思主义为指导,挖掘中华优秀传统文化中符合党的路线、方针、政策的内容开展教育活动。马克思主义是在继承人类文化优秀成果的基础上创立的先进思想理论。实践证明,马克思主义理论同中国实际情况相结合,已经指引我国革命、改革和建设取得了突出的成绩。在继承我国文化遗产、挖掘并实现中华优秀传统文化价值这个层面,必须坚持马克思主义思想。毛泽东指出:"学习我们的历史遗产,用马克思主义的方法给以批判的总结,是我们学习的另一任务。我们这个大民族数千年的历史,有它的发展法则,有它的民族特点,有它的许多珍贵品。对于这个,我们还是小学生。今天的中国是历史的中国之一发展,我们是马克思主义的历史主义者,我们不应该割断历史。从孔夫子到孙中山,我们应该给以总结,我们要承继这一份珍贵的遗产⋯⋯对于指导当前的伟大运动,是有着重要的帮助的。"①党的十八大以来,党中央高度重视中华优秀传统文化的传承与发展,并坚持以马克思主义为指导,有扬弃地继承传统文化。要坚持马克思主义的方法,采取马克思主义的态度,坚持古为今用、推陈出新,有鉴别地加以对待,有扬弃地予以继承,取其精华,去其糟粕,用中华民族创造的一切精神财富来以文化人、以文育人。对待传统文化,既不能片面地讲厚古薄今,也不能片面地讲厚今薄古。更不能采取全盘接受或者全盘抛弃的绝对主义态度。

　　实践证明,以马克思主义的立场、观点和方法结合我国的实际情况,引领传统文化在高校思想政治教育中价值的实现,既可以将高校思想政治教育推向前进,也能够引领和推动中华优秀传统文化沿着中国特色社会主义前进方向不断传承与发展。因此,我们必须坚持以马克思主义理论为高校思想政治教育的指导思想,在中华优秀传统文化价值实现的过程中,正确把握高校思想政治教育与中华优秀传统文化之间的内在关系,正确认识传统文化在高校思想政治教育中的地位。一方面,我们应努力挖掘中华优秀传统文化中高校思想政治教育资源,积极运用中华优秀传统文化中的有益资源推进高校

---

　　① 中共中央文献研究室中央档案馆.建党以来重要文献选编(一九二一———一九四九):第十五册[M].北京:中央文献出版社,2011:651.

思想政治教育不断发展。另一方面,在开发利用高校思想政治教育中中华优秀传统文化价值的同时,也必须清楚地认识到中华优秀传统文化始终是高校思想政治教育的支援性资源,不能本末倒置,更不能舍本逐末。

二、批判性原则

批判性原则指的是在梳理和整合中华优秀传统文化在高校思想政治教育中价值元素的过程中,我们应对中华传统文化的思想内容予以甄别、区分和判断,取其精华、去其糟粕,批判性地继承这份珍贵的人类文化遗产,充分发挥其积极作用,最大限度规避其不良影响。中华传统文化是中华儿女智慧的结晶,其中的精华部分至今仍然闪烁着理性的光辉,为道德建设提供了有益启发,同时也对社会发展和人类进步具有重要意义。但不可否认的是,中华传统文化中也有束缚人们思想、阻碍社会发展的糟粕部分。也就是说,中华传统文化中存在着可以直接古为今用的大学生道德教育资源,也存在着完全不适合高校思想政治教育发展需要的部分,同时还存在着必须经过转化才能够发挥作用的高校思想政治教育资源。因此,我们应对中华传统文化采取批判继承的态度,对中华传统文化进行理性审视,将中华传统文化中的精华部分和糟粕部分加以区分,提炼和整合中华传统文化内容中的精华部分,使其适用于我国当前的高校思想政治教育,同时对于某些精华与糟粕并存的内容,坚持进行创造性转化,发挥其积极作用,规避其不良影响。比如在中华传统文化中,"忠"的思想分为"公忠"与"私忠"两部分,"公忠"指的是忠于国家、忠于人民,而"私忠"指的是忠于封建君主或权力集团。"公忠"的精神对于我们今天热爱祖国、奉献社会仍然具有积极意义,而"私忠"的观念是在封建等级制度下形成的,带有明显的等级观念,而忠诚的对象一旦不走正道,就会使人误入歧途、助纣为虐,应该予以抛弃和根除。然而,在中华传统文化中,"公忠"与"私忠"的界限有时并不是十分明确,"精忠报国""赤胆忠心"等思想观念中倡导的"忠",同时具有"公忠"与"私忠"双重内涵。以岳飞为代表的一部分爱国先驱,不仅体现了对国家和人民的忠诚,同时也体现出对于封建君主的忠诚。因此,在运用中华传统文化的"忠"的思想进行道德教育的过程中,需要规避其"忠君"成分带来的消极影响。再比如中国传统社会提倡的"二十四孝",今天的人们既不可能也不应该拘泥于模仿它所描述的具体情形,而是借鉴和继承"二十四孝"所体现出来的孝道精神。不然的话,就难免走向"愚忠愚孝"。冯友兰当年所提出的"抽象继承法",在一定意义上也是包含着这层用心的。道德的具体表征会随着不同民族、不同时代而呈现出多种多样的具体形态;但道德之为道德的那个"理",却能纵贯古今中外、超越时空。这就意味着,只有提炼出中华传统文化中蕴含的积极意义,才能够将其运用到高校思想政治教育之中。反之,如果完全照搬中华传统文化的内容,而不对其进行理性审视,就容易将其糟粕性内容融合到高校思想政治教育之中,从而对大学生道德教育产生阻碍作用。

三、适度性原则

适度性原则指的是:一方面,研究者在从事相关研究的过程中应坚定学科立场,适度借鉴其他学科的研究内容和研究方法,坚持运用思想政治教育理论审视中华优秀传统文化在高校思想政治教育中价值及其实现路径;另一方面,教育者需恰当准确地掌握好中华优秀传统文化内容在教育中所占的比重,在不冲淡道德教育内容的前提下,确保中华优秀传统文化在高校思想政治教育中价值的顺利实现。

第一,研究者需要认清学科方向,在研究中坚持思想政治教育学科的立场,适度借鉴其他学科的研究内容和研究方法。高校思想政治教育是思想政治教育学科的一个分支,中华优秀传统文化与高校思想政治教育是其中的一个研究方向。研究者从事传统文化与高校思想政治教育的研究,不可避免地要借鉴和吸收其他学科,诸如伦理学、教育学、文学、史学等相关研究成果,但是研究者应保持独立的思考,运用思想政治教育的理论与方法从事科研活动,才能够使研究成果提升高校思想政治教育的效果,同时不至于被淹没在其他学科的领域中。

第二,教育者运用中华优秀传统文化资源进行道德教育的过程中,应准确掌握传统文化内容所占的比重,将其恰到好处地运用到教育过程中。因此,要实现中华优秀传统文化在大学生道德教育中的价值,就要准确把握教育过程中中华优秀传统文化内容所占的比重。毋庸置疑,中华优秀传统文化在高校思想政治教育中的价值元素,能够激发受教育者培育良好道德品行的积极性和主动性,促进其养成良好的行为习惯。但是,如果在教育过程中过量应用中华优秀传统文化的价值元素,就不可避免地会冲淡道德教育内容,将受教育者的注意力转移到提升中华优秀传统文化素养方面,而非提升自身的道德境界方面,同时也会使受教育者对教学重点感到困惑和迷茫,甚至对中华优秀传统文化内容产生厌烦情绪。反之,在高校思想政治教育中,教育者运用中华优秀传统文化相关内容过少,则无法充分彰显其魅力,发挥其在道德教育中的价值。因此,教育者在高校思想政治教育的过程中,吸收和运用中华优秀传统文化的价值元素,应遵循适度原则,既要避免在教育中过量运用中华优秀传统文化的价值元素冲淡道德教育的内容,同时也要充分彰显中华优秀传统文化在高校思想政治教育中的价值,切实增强受教育者自身修养,推动高校思想政治教育发展。

四、创新性原则

创新性原则指的是在中华优秀传统文化价值实现的过程中,应根据我国历史发展的实际和受教育者自身的情况,借鉴和吸收国内外先进经验,积极对中华优秀传统文化的价值元素进行创造性转化。

今天的中国毕竟是经历了五四新文化运动的洗礼,经历了社会主义历史实践的重构,经历了改革开放的激荡,经历了社会主义市场经济的发展。因此,中国传统文化不可能在本来意义上被复制和再现。中国传统文化只有通过创造性转化和创新性发展,才能适应时代发展,才能实现有活力的传承,从而显示出它的当代价值。

创新是一个国家、一个民族进步的不竭动力。只有坚持创新性原则,才能够使中华优秀传统文化不断焕发出生机与活力,同不断发展的大学生道德教育相融合,在提升高校思想政治教育实效性的同时,彰显中华优秀传统文化的价值。

第一,中华优秀传统文化应结合高校思想政治教育发展现状进行创新。时代的发展已使传播方式、教学手段、学习方式等产生了巨大的转变。因此,中华优秀传统文化必然要结合时代发展的需要,结合日新月异的传播方式、教育模式、学习方式等进行创新转化,在不改变中华优秀传统文化基本精神的前提下,应致力于在内容、形式、传播手段等方面符合现代高校思想政治教育的发展需求,唯有如此才能够确保中华优秀传统文化价值的顺利实现。比如中央电视台在 2017 年推出的《国家宝藏》节目,立足于中华文化宝库资源,对我国多件国宝级文物进行梳理与总结,同时让颇具影响力的公众人物演绎文物产生的历史背景,挖掘文物蕴含的民族精神,不仅能够让观众了解文物所承载的文明,同时能够激发其热爱祖国、自强不息等精神。该节目形式新颖,借助网络平台积极传播,在各大视频网站均能获得较高的点击率,受到人民群众的广泛欢迎,是中华优秀传统文化在高校思想政治教育中价值实现的一次成功探索。

第二,中华优秀传统文化应结合受教育者的实际情况进行创新。高校思想政治教育中受教育者的层次具有多样化的特点。这就要求教育者应根据受教育者年龄、职业、文化程度的差异性,有针对性地进行中华优秀传统文化的创造性转化,使高校思想政治教育中呈现的中华优秀传统文化元素能够符合特定教育对象的理解能力和审美要求,确保中华优秀传统文化价值的顺利实现,在高校思想政治教育中取得良好的效果。

第三,中华优秀传统文化应借鉴和吸收国内外先进经验进行创新。实践证明,故步自封不能够整合各类资源,取得突破性的发展,只有吸收和借鉴世界各国的先进经验,才能够开阔视野,突破自身局限,完成创新发展。高校思想政治教育中中华优秀传统文化的价值实现,应加强国际高校思想政治教育方面的交流与合作,总结世界各国利用其民族文化、宗教文化等开展高校思想政治教育的经验,为做好我国大学生道德教育中中华优秀传统文化价值实现提供经验借鉴,更好地提升高校思想政治教育效果,助力形成良好的社会道德风尚。

第二节　完善中华优秀传统文化的道德教育要求

实现中华优秀传统文化在高校思想政治教育中的价值，需要将中华优秀传统文化纳入到高校思想政治教育的范畴进行理性审视，不断完善中华优秀传统文化的道德教育要求，按照其要求吸收和利用中华优秀传统文化中的价值元素。具体而言，应通过借鉴中华优秀传统文化的教育理念优化教育模式、整合中华优秀传统文化的教育内容完善课程体系、推广中华优秀传统文化的教育方法增强教育效果三个方面，促进中华优秀传统文化价值的实现。

一、树立中华优秀传统文化的教育理念，优化教育模式

中华优秀传统文化历经几千年延绵发展，逐步形成了某些独具特色的思想理念，诸如"以人为本""有教无类""情理融通""知行合一"等思想理念，能够应用到道德教育中，对于优化道德教育模式，提升道德教育的实效性具有重要意义。

第一，构建注重人全面发展的道德教育模式。中华优秀传统文化十分关注人的生存与发展、地位与作用。中国古代道德教育中也体现着尊重人的个性，关心人全面发展的精神；早在西周时期，礼、乐、射、御、书、数，即"六艺"已经成为当时教育的重要内容，具有不可替代的地位。我国著名的教育家

孔子,以培养"志于道,据于德,依于仁,游于艺"的"君子"为目标。人自身具有全面发展的内在驱动性,个体的发展是由目标转化为现实的过程,也是一个自我发展、自我完善、自我超越的过程。个体道德修养的提升,能够增强个体全面发展的动力,而个体其他方面能力的提升,也能够促进其产生提升道德修养的内在需求。因此,个体道德修养和其他能力与素质的提升,是相辅相成、相互促进的关系。然而,长期以来我国的高校思想政治教育,片面关注个人的道德素养,过分强调个人作为多种社会角色应该承担的义务,甚至将个人完全置于某种整体中来理解个人的存在与价值,习惯于用统一、单一的标准评价受教育者,忽视个体作为一个独立的、具体的人所应具备的全面而自由的发展。因此,大学生道德教育模式的优化,应对人的思想态度、价值取向、科学文化素质、艺术审美能力、身心健康水平等加以关注,由单一重视人道德修养的教育模式转变为注重人全面发展的教育模式。

第二,构建情感与说理并重的道德教育模式。中华优秀传统文化善用委婉含蓄的表现方式,强调含蓄的美,突出弦外之音、言外之意、画外之画。尤其是中国古代文学,讲求意在言外,通常运用寓情于理的方式表达自身的思想和见解,即通过生动形象的语言,将感情融入说理之中,自然而然地呈现出自己的观点,达到情理交融的境界。中国人自古以来形成的委婉含蓄的表达方式和情理并重的思维方式,在教育或说理的过程中,善于通过激发对方情感引起情感共鸣后,再试图说明道理,使对方认同自己的观点。中国古代道德教育同样重视通过情感的渲染提升教育效果,诸如利用尧、舜、禹等具体的道德形象,引起受教育对象的情感共鸣,或是积极建立学生和教师之间的感情基础,使学生对教师产生敬畏心理以增强教育内容的说服力等。中国当下的高校思想政治教育侧重于理论教育,忽视通过激发受教育对象情感的方式进行道德教育。当下中国以理论说教为主的封闭、僵化的道德教育模式,缺乏与受教育者的情感互动,达不到以理服人的效果,容易导致受教育者产生厌烦甚至抵触的心理。因此,高校思想政治教育应由以理论说教为主的教育模式,逐步转变为融情于理、情理并重的教育模式。高校思想政治教育,应在重视理论教育的同时,通过激发受教育者的情感来进行教育。在教育过程中,教育者与受教育者应进行积极的沟通与互动,使受教育者产生积极的情感体验,并将道德知识同情感体验相结合,最终促进道德知识的内化,使受教育者的行为符合道德规范。

第三,构建重视道德践履的道德教育模式。中国古代先哲注重探讨“知”与“行”的关系,经过几次激烈的思想争鸣后,最终将“行”作为重点,弘扬实事求是的精神,形成重行务实的优良传统。中华传统文化中探讨的“知”与“行”的关系,具有道德层面上的意义,“知”与“行”的关系在一定程度上指代的是道德认识和道德实践的关系。我国道德教育的先驱,如孔子、朱熹、王守仁、颜元、戴震等,在道德教育过程中,倡导道德实践的重要性。然而,我国当下的大学生道德教育依然侧重于道德规范的讲授,其评价标准是受教育者对道德规范条目的熟悉程度,这在一定程度上导致受教育者无法将道德教育内容内化于心、外化于行,甚至会产生满口仁义道德,但是其实际行动却与之背道而驰、心口不一的现象。20 世纪 40 年代,西方哲学家赖尔(Gilbert Ryle)将"知道什么"(knowing what)和"知道如何"(knowing how)区分开来,成为当代知识论的一个重大进展。道德教育显然应属于"知道如何"的范畴。因此,道德教育不同于理论知识教育,应打破重概念分析和知识传授的教育模式,更加关注受教育者道德行为的实施情况。因此,在道德教育过程中,应组织经常性的道德教育活动,使受教育者从道德活动中积极进行道德践履,同时应转变道德教育的评价机制,将道德实践表现纳入到考核中,以此督促受教育者养成良好的行为习惯,在学校生活、家庭生活、社会生活中积极进行道德践履。

二、整合中华优秀传统文化的教育内容,丰富教育资源

中华优秀传统文化是在长期历史发展过程中形成的,在形成过程中吸收和借鉴民族文化、外来文化,不断进行自我更新、自我完善,汇集百川优势、兼容八方智慧。中华优秀传统文化中蕴含着与现代社会相符合的思想观念、道德规范、行为准则,能够对高校思想政治教育的内容形成有益补充。

第一,中华优秀传统文化的相关教育内容应融入高校思想政治教育的过程中。大学生道德教育的过程是教育工作者

通过有效的教育方式向受教育者传授大学生基本道德规范，并对受教育者施加影响，使其按照培养目标要求形成道德品行的过程。大学生道德教育的过程主要包括高校思想政治教育方案的制定、高校思想政治教育方案的实施、高校思想政治教育的评估三个环节。在高校思想政治教育的过程中，教育者应自觉将传统文化的教育内容融入高校思想政治教育的具体环节。在高校思想政治教育方案制定的阶段，教育者应有意识地根据教育目标搜集中华优秀传统文化的相关资料，整理和提炼传统文化的教育内容，并将其融入教育方案中，使教学内容更加丰富多彩。在大学生道德教育实施的过程中，教育者应运用流畅的语言、新颖的课件、生动的视频等将教育方案中的中华优秀传统文化内容予以呈现，启发、诱导受教育者形成良好的道德品行。此外，教育者可以组织中华优秀传统文化专题讨论、中华优秀传统文化观点辩论、中华优秀传统文化赏析等多种形式的活动，与高校思想政治教育的内容相结合，在交流与互动中营造浓厚的传统文化氛围，提升受教育者的道德品行。在高校思想政治教育的评估环节，教育者应倾听和总结受教育者对于中华优秀传统文化教育内容的反馈，以此为依据适当调整传统文化的教育内容，灵活掌握中华优秀传统文化教育内容的规模与数量，以便更好地开始下一个教育过程。

第二，中华优秀传统文化的相关教育内容应编入高校思想政治教育教材中。教材是进行大学生道德教育的重要载体之一。在现行高校思想政治教育教材中,对于中华优秀传统文化的内容已经有所体现。但是,就中华优秀传统文化在高校思想政治教育中价值实现的层面来看,依然存在着高校思想政治教育与中华优秀传统文化内容的结合度不够、缺乏对中华优秀传统文化的教育内容进行创造性转化、中华优秀传统文化的教育内容分布比重不均等问题。因此,教材的编写者应积极查阅相关资料,对于传统文化在高校思想政治教育中的价值进行深入分析,根据教材适用对象的理解能力引入传统文化的相关教育内容;加强对中华优秀传统文化教育内容的创造性转化,将中华优秀传统文化价值元素引入到教材正文中,在教材页边的留白加入中华优秀传统文化的名言警句;统筹安排中华优秀传统文化教育内容在教材中的比例,既做到均匀分布又能突出重点,促进传统文化教育内容以多样化的方式呈现等等,使受教育者能够学习中华优秀传统文化中的精华部分,提升自身道德修养。

第三,开设并推广中华优秀传统文化与道德教育的相关课程。目前,虽然大学生道德教育与中华优秀传统文化已成为我国思想政治教育学科的重要研究方向之一,但是中华优秀传统文化与道德教育的相关课程却没有广泛开设和推广。不可否认,几次教材改革,使学校教育语文必修课中中华传统文化内容所占的比重有所增加,但是教育部并没有设置中华优秀传统文化方面的必修课,中华优秀传统文化相关的选修课也并非每个学校都有开设,传统文化与高校思想政治教育相结合的课程更是稀缺资源。在互联网课程平台中,中华优秀传统文化的相关课程种类繁多,订阅和学习的人数众多,致使中华优秀传统文化学者诸如于丹、易中天、蒙曼等为大众所熟知。但其中华优秀传统文化课程没能充分地与高校思想政治教育相结合,并没有发挥中华优秀传统文化在提升大学生道德修养方面的重要作用。因此,学校应当增设中华优秀传统文化与高校思想政治教育方向的选修课作为补充,网络平台中中华优秀传统文化的相关课程,应适当融入高校思想政治教育方面的内容,不断推进高校思想政治教育同中华优秀传统文化相融合,促进中华优秀传统文化在高校思想政治教育中价值的实现。

三、运用中华优秀传统文化的教育方法,提升教育效果

经过古代先贤的长期探索,在中华优秀传统文化中蕴含着一整套包括施教方法、化民方法、修身方法在内的教育方法。虽然我国古代社会的教育目标与现代社会有很大差异,但是其中某些教育方法能够充分调动受教育者接受道德教育的积极性,实现教育者与受教育者的良性互动,有效提升大学生道德素养,因此对于当下提升高校思想政治教育的效果依然具有积极意义。

第一,教育者应熟练掌握并灵活运用中华优秀传统文化中的施教方法。在新形势下,有效借鉴中华优秀传统文化中因材施教、循序渐进、寓教于乐等施教方法,有利于增强学科

之间的相互渗透,使高校思想政治教育呈现出思想性与知识性相融合的特征。行之有效的施教方法,其本身蕴含着某种具有普遍性的教育规律。教育者应认识到某些中华优秀传统文化的施教方法对于当下的高校思想政治教育仍有积极意义,在批判继承的前提下自觉将中华优秀传统文化中的教育方法应用到高校思想政治教育中。同时,教育者应将传统文化的教育方法与现代道德教育方法相结合,赋予其符合社会发展需要的内容,灵活运用到高校思想政治教育中去,提升高校思想政治教育的效果。

第二,高校思想政治教育相关部门应借鉴中华优秀传统文化中的化民方法。中华优秀传统文化中蕴含着兴学立教、制定乡规民约、树立家训等化民方法,这些教化民众的方法虽然是封建社会剥削阶级维护其统治的工具,但是如果舍弃其中落后的、腐朽的思想内容,并赋予这些方法以符合现代社会道德规范的新内容,则可以使其焕发新的生机与活力,有效提升高校思想政治教育的效果。高校思想政治教育的相关部门应吸收和借鉴中华优秀传统文化中的化民方法,积极兴办高校思想政治教育机构,大力开展基层大学生道德教育,努力形成区域高校思想政治教育的理念与特色,通过与传统媒体和新媒体相结合的手段,推动高校思想政治教育落到实处。

第三,大学生应运用中华优秀传统文化中的修身方法自觉提升道德修养。我国古代十分注重自我教育,在中华优秀传统文化中蕴含的某些修身方法,比如立志为先、慎独自律、省察自省、躬身笃行等，能够充分发挥个体的主观能动性，促使大学生通过自律自教的方式，使自己的思想和行为时刻符合道德规范的要求，进而提升自身的道德修养。因此，大学生应自觉学习和运用中华优秀传统文化中的修身方法，树立并坚定自身在道德修养方面的志向，经常省察自身的行为，无论是在公开场合还是独自一人时，都能够严格要求自己的思想和行为，并积极投身到道德实践中去，将日常生活的过程变成自我教育的过程，在潜移默化中提升自身的道德修养。

第三节　利用中华优秀传统文化的道德教育载体

　　教育载体是高校思想政治教育内容传递、目标实现的重要纽带。中华优秀传统文化具有多样化的表现形式，诸如诗词歌赋、音乐舞蹈、文物古迹、节庆习俗中均蕴含着丰富的教化内容，具有一定的道德教化功能。充分利用中华优秀传统文化的道德教育载体的不同特点，实现高校思想政治教育内容的有效承载和传递，有利于提高大学生道德教育效果。

一、品鉴古代诗歌，体悟认知诉求

　　我国古代诗歌题材广泛多样、内容包罗万象、形式丰富多彩、意境深远隽永，在我国古代文化史上具有重要的地位。古代诗歌的语言恰当精炼、富于变化，讲究节奏与韵律的协调，善用多种修辞手法表现细腻而浓厚的情感。从诗歌的特点来看,楚辞、唐诗、宋词、元曲等都是诗歌在不同历史时期的表现形式。古人陶醉于诗歌的学习、欣赏和创作中,积淀和孕育了丰厚的人文精神。我国具有数千年的诗教传统。《诗经》作为我国最早的一部诗歌总集,其中《风》的内容有利于培养人的品德品行,凸显了教化臣民的作用,是我国早期道德教育的重要载体。孔子开创了我国"以诗为教"的道德教育传统,将《诗经》同道德教育联系起来,主张"兴于《诗》,立于礼,成于乐"。《礼记·经解》中最早使用"诗教"一词,指出"入其国,其教可知也。其为人也,温柔敦厚,《诗》教也",肯定《诗》对于人的道德教化作用。随着诗歌内容和形式不断丰富与发展,诗歌成为古人抒发理想抱负、寄托家国情怀、表达内心情感的重要方式,诗歌能够体现出诗人对国家的忠贞、对故乡的眷恋、对朋友的义气,对亲人的感恩、对爱人的思念、对过去的回忆、对现实的感慨、对未来的憧憬,以及对人民疾苦的同情和对剥削阶级的愤慨等。我国古代诗歌具有丰富的道德教化内容,是道德教育可利用的素材。同时,诗歌善于运用比兴的修辞手法,即以象征、比喻的手法来形容道德品格,将道德品格用形象化的方式呈现出来。古代诗歌中,常见的比兴手法有将道德品质比作天地日月、无瑕美玉、高山流水、梅兰竹菊等,使人能够通过美好的事物体悟道德之美,激发人内心的道德自觉。此外,诗歌往往是诗人内心道德情怀的集中表达,"鉴赏者即教育对象通过诗的鉴赏,不但可以把诗中比较明确的道德价值变成自己的道德认知,从而具备了进一步道德实践的前提,而且,诗的鉴赏本身就是鉴赏者提高自身道德觉悟的过程"①。也就是说,通过诗歌的鉴赏,读者能够结合自身的经历,对诗歌中所描写的景物、事物进行想象,进而体验诗人所表达的情感,感受诗人高尚的道德追求,促进道德精神的内化。因而,表达崇德向善追求的古代诗歌,都可以而且应该成为道德教育的重要载体。

诗词歌赋是道德教育的重要载体,也应在当下高校思想政治教育中加以应用。第一,教育者应将与教学目标相一致的诗歌作为教学内容的一部分,带领受教育者诵读和欣赏,同时搜集相关诗歌作为延伸拓展学习的内容,鼓励受教育者阅读、欣赏、背诵,使其能够通过所阅读的诗歌更深层次地领悟教育内容,促进教育内容的内化。同时开展诗歌朗诵、飞花令等活动,并通过板报、广播、网络等媒介开辟诗歌品读的栏目,提升受教育者学习、品鉴古代诗歌的能力,在潜移默化中提升道德修养。值得一提的是,家长作为家庭道德教育的实施者,应在孩子早期教育的过程中,培养孩子朗诵诗歌的习惯。在幼年时期,虽然子女不能完全理解诗歌中所蕴含的深层含义,但是通过诗歌的诵读,能够培养其对于诗歌学习的兴趣。随着孩子年龄的增长,理解能力的提升,他们自然能够领悟诗歌中的道德意蕴。同时,家长应自觉将诗歌中的经典名句融入

---

① 刘鹏.论诗的道德教育功效:基于中国古诗的分析[J].当代教育科学,2011(13):12.

日常话语体系中,通过日常生活中的熏陶感染,启发子女自觉用诗歌中的语言诠释生活中的所见所闻,激发其学习诗歌的兴趣。第二,积极恢复诗歌的歌唱传统。诗歌在我国古代是一种与音乐、舞蹈相融合的艺术形式。虽然古代诗歌配乐的乐谱大多已经遗失,但是在音乐创作日益繁盛的今天,应根据古代诗歌的音律和其所表现的情感,创作能够增强其感染力的旋律。通过配乐演唱的形式,赋予诗歌新的生命力。配乐诗歌的广泛流传,能够推动诗歌的普及与欣赏,促进诗歌中教育内容的传播,助力诗歌教化功能的实现。比如《经典咏流传》节目,将古诗词配以现代流行音乐进行演唱,让观众在唱作歌手的演绎中领略诗词之美,使流传千百年的诗词歌赋在音乐旋律中焕发新的生命力,以此发挥中华优秀传统文化在道德教化方面的积极作用。

二、欣赏古典乐舞,助力性情陶冶

乐与舞是最原始的艺术形式,原始社会时,人们已经开始将歌与舞结合在一起,应用于日常生活中,展现出磅礴的生命力。随着社会的不断发展,音乐与舞蹈由于能够应用于大型的典礼活动中,同时具有一定教育功能与娱乐功能,在总体上呈现出不断发展的趋势,出现了诸如《春江花月夜》《梅花三弄》《高山流水》等流传千古的经典名作。由于音乐的旋律和歌词的韵律搭配起来方便记忆和传送,古人很早就将音乐应用于教育之中。周公将礼与乐结合起来,用于教化民众、移风易俗。荀子在《乐论》中指出"声乐之入人也深,其化人也速",系统而集中地阐述了用音乐进行道德教化的思想。荀子的思想符合封建统治者的需求,在汉代已经得到社会有识之士的广泛认同。一些地方官员开始用乐作为教化民众、劝人向善的工具。后世学者继承并发展了这一思想,并在道德教育中积极践行,逐步形成了"寓教于乐"的教育方法。然而,古代先贤认为并不是所有的古典乐舞都具有陶冶性情、教化民众的作用。孔子粗略地将音乐分为雅颂之乐和郑卫之声。雅颂之乐,一般是指宴会、祭祀时用的宫廷乐舞;郑卫之声是郑、卫之地的民乐,后泛指地方民乐。孔子认为只有雅颂之乐才具有道德教化作用,郑卫之声会使人不思进取、贪图享乐。荀子将音乐分为雅乐和淫乐,认为只有雅乐才能够移风易俗、陶冶性情,淫乱的乐声会起到反作用。古代先贤评判音乐是否能够用于道德教化的基本标准是"和",即中正和平,"乐而不淫,哀而不伤"。"自先秦以来,历代教育思想家或音乐艺术家的乐教主张,或偏重养生,或偏重德教,或两者兼而有之,然而对于'和'这一乐教的基本特征,则鲜有异议。"①究其原因,中正平和的音乐,能够深入人的心灵,使人身心愉悦而放松,调节人的心态,使人保持平和的心态,既不过分高兴,也不过分悲伤,进而调节人的行为,促进人与自然、人与社会关系的和谐。

综上所述,古典乐舞具有陶冶性情,提升道德修养的教化

---

① 金忠明.乐教与中国文化[M].上海:上海教育出版社,1994:217-218.

作用。我国大学生道德教育应充分地利用古典乐舞这一重要的道德教育载体，实现道德教育的立体化、多样化发展，促进大学生道德修养的提升。

第一，教育者在高校思想政治教育中应有意识地选取古典乐舞，结合现代化的教学手段，如音频、视频等，作为教育过程中的辅助性内容，不仅能够使道德教育摆脱理论灌输的单一教育模式，还能够使受教育者在古典音乐的熏陶下，促进性情的陶冶，自觉养成良好的道德品行。值得注意的是，教育者在选取古典乐舞时，应摒弃古代注重雅乐、轻视俗乐的原则，应该做到雅俗并举，既要选择雅乐，使受教育者感受到中和之美，也应适当选取俗乐，即地方民乐。尤其是可以结合地方特色，选取本地著名的音乐舞蹈样式，使受教育者在感受音乐舞蹈中蕴含的蓬勃旺盛生命力的同时，增强对于家乡的热爱与自豪。但是选取古典乐舞的前提是其内容一定要积极健康，对于一些内容低俗的古典乐舞应坚决予以抵制。教育者在展示古典乐舞的同时，应注意启发受教育者，使其置身于古典乐舞的情境之中，感受到古典乐舞所蕴含的深层内容，在愉悦情感体验的同时，得到性情的陶冶和道德修养的提升。

第二，国家应积极推广古典乐舞，注重培养古典乐舞的相关人才，推动各地方民族乐舞的传承。充分挖掘古典乐舞中的道德教育内容，大力举办古典乐舞的公益演出，打造具有影响力的古典乐舞综艺节目等，增强人们欣赏、观看古典乐舞的积极性。

第三，家长应注意培养孩子古典乐舞的审美能力，经常带领子女去观看古典乐舞的演出，引导孩子产生学习古代乐器和古典舞的兴趣。而古代乐器、舞蹈的学习，不但能够提升个人的气质，同时也有陶冶性情的功效，能够促进道德修养的提升。

三、观摩文物古迹，强化情感认同

中华民族在历史悠久的发展过程中，出于生产生活的需要以及对精神文化的需求，创造出举世瞩目、特征鲜明的器物，包括建筑物、艺术品、生活用品、祭祀用品、丧葬用品、装饰用品等，具有代表性的诸如水墨山水画、青绿山水画、陶器、瓷器、兵器、玉器、漆器、金银器、织物、明器、宫廷建筑、园林建筑、陵墓建筑等。古代的文物古迹经过岁月的积淀，在今天已经成为我国宝贵的文化遗产。虽然在漫长的历史发展过程中，由于自然和人为的原因，我国的文物古迹遭到了严重的破坏甚至毁灭，但改革开放以来，通过我国政府积极的保护与修缮工作，以及爱国人士的筹集与捐赠，目前我国依旧保存着种类繁多、数量巨大的文物古迹。中华民族在历史进程中所创造的保存至今的文物古迹，代表着我国自强不息、开拓进取、创新创造的民族精神，凝聚着中华民族人民的高超智慧，体现着中华民族人民的审美特征，是世界文明史不可或缺的重要组成部分，足可以令每一个中华儿女为之感到骄傲与自豪。

文物古迹是道德教育的重要载体之一，教育对象通过了解文物古迹的历史渊源,能够感受到我国古代能工巧匠的非凡技艺,进而培养其民族自尊心、自豪感;通过欣赏书法、绘画、雕塑等艺术品,能够唤起教育对象的真实情感,使其能够获得审美体验,陶冶情操,促使其向往与追求真、善、美,对于那些以歌颂美好道德情操为主题的艺术品,比如代表高尚品德的梅、兰、竹、菊绘画等,受教育者通过欣赏艺术作品的美,能够感受到高尚品行的美,培养对于美好品德的追求;通过参观宫廷建筑、园林建筑等,受教育者能够更深刻地领会传统文化中所蕴含的道德追求,比如古代的宫廷建筑集中体现着中和之美,反映着"和"的价值追求等;通过参观名人古迹,在真实的历史环境中,教育对象结合历史名人的事迹,能够与古代名人先贤产生强烈的情感共鸣,激发其追求古代名人先贤所具有的道德品质。

文物古迹是宝贵的国家文化财产,在培育大学生道德品行,提升大学生道德修养方面具有不可替代的作用。当代高校思想政治教育中,应积极运用文物古迹这一重要的道德教育载体,促进教育实效性的提升。第一,教育者应对文物古迹的道德教育作用具有深刻的认识,并积极将其运用到道德教育中。教育者应创造条件,组织文物古迹参观活动。在参观之前,带领受教育者做好准备工作,对所参观的文物古迹进行必要的了解。在参观过程中,适当融入道德教育的内容对受教育者进行启发诱导,使其在轻松、自然的环境中,感受到道德的魅力,实现理性与情感的共鸣,提升教育效果。假如受到条件的限制,无法实现文物古迹的现场观摩,教育者也可以在教育过程中展示文物古迹的宣传片,激发受教育者参观文物古迹的兴趣。而家长作为家庭道德教育的主要实施者,应积极带领子女参观博物馆、艺术馆等,在参观过程中进行启发诱导,将道德教育融入日常的生活中。第二,国家应组织相关人员做好文物古迹的宣传工作,通过制作相关的专题片、综艺节目等,并在影响力较大的微信公众号、微博、电视台等平台积极推广宣传,免费开放更多的博物馆、艺术馆,使其成为满足人们精神文化需求的优先选择。第三,博物馆、艺术馆等相关负责人应努力以自身场馆的特色打造相应的道德教育主题,免费发放以介绍各类展馆、文物古迹为主题且蕴含道德教育内容的宣传册,举办不定期的讲座与特色展品展示活动,将道德教育的内容不着痕迹地融入讲座和展出中。尤其是对于展品的文字解释,应充分展现其所具有的道德意蕴。与此同时,提升导游和讲解员的中华优秀传统文化素养和道德教育能力,在其讲解词中体现道德教育内容,积极开发博物馆、艺术馆的道德教育功能,使文物古迹能够实现其道德教育载体的作用。

四、传承节日民俗,促进行为养成

中华民族在文明演进的历史长河中形成了许多具有民族特征的节日传统和民间习俗。自宋代开始,我国节日世俗化进程加快,节日的主题、内容、活动等已经逐步得到丰富和完善。我国的传统节日是根据节气制定的,具有代表性的有春节、元宵、清明、端午、七夕、中秋、重阳等。而除了传统节日,我国各民族在生产生活中形成了丰富多样的民俗,表现在各民族生产、居住、饮食、服饰、婚姻、丧葬等多个方面,"十里不同风,百里不同俗"的谚语诠释了我国民俗多样化的特点。

节日习俗是一种当地人们普遍认可的,具有一定行为约束力的,不成文的行为规范。我国古代就有"为政之要,辨风正俗最其上也"的观点,古人在利用当地节日民俗进行道德品行的教化方面,积累了很多成功的经验。摒除部分节日民俗中的封建迷信内容和腐朽落后观念,我国的节日民俗具有丰富的文化内涵和道德意蕴,是道德教育的重要载体之一。具体而言,我国的春节、中秋节,创造了合家团聚的机会,有助于家庭成员之间的沟通交流,能够调和人的思想情感,有效促进家庭和睦。清明节扫墓祭祖、重阳节敬老爱老的传统,促进人们形成对长辈的尊重和对亲人的珍惜。拜年、贺寿、走娘家、庆生子等习俗,能够加强亲朋好友以及邻里之间的联系,增进彼此的了解,对于促进人际关系的和谐具有重要作用。壮族、白族、黎族、侗族、纳西族等少数民族,都不同程度地保留着村寨中一家遭遇灾祸,同寨人都能够慷慨相助、不收取任何报酬的民俗,传承这样的民族习俗,能够培养人们的集体主义精神、团结互助精神、无私奉献精神。某些地方民间艺术与地方民俗活动,如赛龙舟、舞狮子、篝火晚会、花会、灯会等,在强身健体、陶冶性情、愉悦身心的同时,能够激发人们热爱家乡、热爱祖国的深厚情感。

节日民俗具有广泛的约束力和深厚的影响力，"它以习惯的力量，支配着人们的行为，从吃穿住行到心理活动，从行为到语言，人们都自觉地遵从民俗的制约"①。个体在社会中生活，不可避免地要受到节日民俗的影响和制约，个体也正是在节日民俗的制约和影响下逐步形成自身的行为习惯。英国著名教育家培根认为，习惯是人生的主宰②。所以，高校思想政治教育应充分利用节日民俗这一重要的道德教育载体，在潜移默化中促进大学生良好道德行为的养成。第一，教育者应积极传承与弘扬高校思想政治教育相适应的节日习俗。教育者利用节日民俗开展道德教育，应坚决摒弃节日民俗中的封建色彩、等级观念、迷信思想，这是节庆民俗成为高校思想政治教育载体的基本前提。第二，教育者应将节庆民俗的相关知识，有意识地纳入道德教育之中，引导受教育者积极参与节日民俗活动。每逢中华传统节日，教育者应对节日起源、节日习俗进行讲解，尤其是应针对某些节日中所蕴含的道德教化内容做重点阐释。比如，农历五月初五的端午节，关于其来源流传最为广泛、得到民众普遍认可的说法是，端午节是为纪念屈原而产生的节日。因此，教育者应将端午节蕴含的以屈原为代表的仁人志士忧国忧民的爱国情怀进行详细讲解和阐

---

① 唐鹏.民风民俗与当代青少年的养成教育[J].广西民族学院学报(哲学社会科学版)，1995(Z1)：98.

② 弗朗西斯·培根.人生论[M].林峰，编译.北京：民族出版社，2001.

述,使受教育者在参与传统节庆习俗活动的过程中能够传承和弘扬爱国主义精神。同时,教育者要创造条件带领受教育者完成多种节日民俗的活动,并在活动中使受教育者体会节日民俗活动的道德意蕴,促进其道德行为的养成。第三,国家应依托各类宣传平台,宣传与介绍中华传统文化节日民俗。在节日期间,倡导全国各地通过装饰节日的象征性符号浓厚节日氛围,比如在春节号召社区、单位为大学生发放"福"字、对联,元宵节倡导政府在主干道两侧挂灯笼、举办灯会活动,端午节号召各地区举办划龙舟、吃粽子、踏青活动等,使受教育者自觉开展庆祝节日活动。同时,国家应积极保护各类具有道德意蕴的民俗活动,拓宽民俗活动的展示平台,积极开展国际交流与合作,使民俗活动能够不断传承和发展。

第四节　营造中华优秀传统文化的道德教育环境

　　良好的环境能够激发受教育者学习中华优秀传统文化的兴趣,使其乐于接受中华优秀传统文化的熏陶,有助于实现中华优秀传统文化在高校思想政治教育中的价值,促进良好道德品行的形成。反之,则会阻碍受教育者理解和吸收相关教育内容,对实现中华优秀传统文化在高校思想政治教育中的价值具有消极影响。因此,为保障优秀传统文化在高校思想政治教育中价值的实现,提升高校思想政治教育的效果,促进大学生道德素养的提升,需要营造有利于中华优秀传统文化价值实现的社会环境、校园环境、家庭环境、朋辈环境。

一、强化社会中华优秀传统文化的正向引导

随着中国特色社会主义进入新时代,我国在世界政治、经济中的影响力逐步提升,国家积极促进社会主义文化的繁荣与发展,大力支持中华优秀传统文化的传承与创新。但就整个社会而言,依然存在着关于中华传统文化的错误思潮,同时,中华优秀传统文化受到流行文化、外来文化的巨大冲击,弘扬中华优秀传统文化的社会氛围仍未完全形成。为进一步实现中华优秀传统文化在高校思想政治教育中的价值,提升高校思想政治教育的效果,就必须强化社会环境中华优秀传统文化的正向引导,重拾国人对于中华优秀传统文化的自信。

第一,抵制与克服有关中华传统文化的错误思潮。社会上涌现的关于中华传统文化的错误思潮,具有代表性的是文化虚无主义思潮和文化复古主义思潮。这些关于传统文化的错误思潮,会影响国人对中华传统文化价值的分析与判断,弱化弘扬中华传统文化的社会氛围,从长远的角度来讲,均不利于中华传统文化的继承与创新。实现中华优秀传统文化在大学生道德教育中的价值,需要建立在对中华传统文化价值正确认识的基础上。因此,在对待中华传统文化的问题上应坚持批判继承的原则,注意科学辨析,自觉避免各种错误倾向的影响。

　　第二,加强对中华优秀传统文化的正向宣传。首先,在主流媒体上,应号召社会各界积极推动中华优秀传统文化的传承与创新,形成对社会中华优秀传统文化舆论的正向引导。其次,应紧跟时代步伐,积极开拓新媒体的宣传渠道,特别是要积极利用微信等使用率较高、影响力较大的手机 App,通过建立中华优秀传统文化公众号,以图、文、声、像并茂的方式,推送具有中华优秀传统文化内容的文章、音频、视频等,扩大中华优秀传统文化的影响力。最后,应坚决抵制网络和现实中各种丑化中华传统文化的行为。国家应坚决抵制歪曲、恶搞、丑化中华传统文化的行为,对于擅自截取拼接经典文艺作品进行重新配音、重配字幕,以篡改原意、断章取义、恶搞等方式吸引人注意的行为应及时予以制止;对于在各类综艺节目中歪曲、丑化、污蔑历史人物形象、重要历史事件等行为,应予以公开批评,并在网络等各大平台对节目进行下架处理。

　　第三,充分展示中华优秀传统文化的独特魅力。首先,大力推动中华优秀传统文化的创新发展。积极探索并创新中华优秀传统文化的表现形式,制作以彰显中华优秀传统文化魅力为主题,符合现代社会人们的审美取向和精神文化需求的综艺节目、专题片、电影、电视剧等,并借助互联网等传播手段,使中华优秀传统文化的内容能够在社会中广泛传播,其相关话题能够引起社会的热议,激发人们了解、认识、欣赏中华优秀传统文化的兴趣。其次,促进中华优秀传统文化的国际交流。当下,我国依据中华优秀传统文化中民胞物与、协和万邦、天下大同的观点，提出的构建"人类命运共同体"的思想，已被正式写入联合国决议，从实践的角度充分证明，中华优秀传统文化对于全人类发展的重要作用。在世界性的外交活动中，应积极宣传中华优秀传统文化的思想价值，增强中华优秀传统文化的世界认同度。同时发动国际上的中华优秀传统文化组织，利用孔子学院等国际性中华优秀传统文化教育基地，举办文化交流活动，以书法、绘画、音乐、舞蹈等多样化的形式，跨越语言与文字的阻隔，充分展示中华优秀传统文化的艺术魅力，提升中华优秀传统文化的国际影响力。

二、营造学校中华优秀传统文化育人氛围

学校是高校思想政治教育的重要阵地，学校良好的中华优秀传统文化育人氛围，可以促进学生提升中华优秀传统文化素养，促进中华优秀传统文化在高校思想政治教育中价值的实现，进而使大学生道德教育达到预期的效果。学校应该根据国家传承与弘扬中华优秀传统文化的具体要求，结合自身的实际情况，努力营造良好的中华优秀传统文化育人氛围。

第一，夯实中华优秀传统文化教育的课程体系。首先，学校应将中华优秀传统文化全面融入各学科教育的内容之中，增强学生对中华优秀传统文化的感性认识，促进其对于中华优秀传统文化内容形成总体认知。其次，学校应适当开设能够提升中华优秀传统文化修养的专项教育。学校应结合学生总体的理解能力和认知水平，开设中华优秀传统文化相关的

各类课程,开展中华优秀传统文化的专项教育。中华优秀传统文化专项教育并不仅限于传统文化知识的教育,同时也包括中华优秀传统文化的各种内容形式,如书法、绘画、器乐、舞蹈、茶艺、武术等教育,使学生能够从中选择自己最喜爱的一项进行全面系统的学习,充分感受中华优秀传统文化的魅力。

第二,组织丰富的中华优秀传统文化活动。学校应结合学生的年龄情况和文化程度,根据本学校的办学特色,积极组织开展丰富多彩的中华优秀传统文化活动。可以由各类学生社团邀请知名专家学者讲解与中华优秀传统文化相关的知识内容;也可以由教师与学生共同组织,训练某项中华优秀传统文化才艺,并通过学校或社区等其他平台开展才艺展示活动等。

第三,加强中华优秀传统文化符号建设。中华优秀传统文化符号代表着某种中华优秀传统文化中的思想观点,比如孔子的形象集中体现了中华优秀传统文化中"仁"的思想;日晷的形象体现着我国人民的智慧,也具有珍惜时间、勉励他人奋进的意味等。毋庸置疑,人们通过对中华优秀传统文化符号的解读,能够潜移默化地受到中华优秀传统文化内容的熏陶与感染。因此,学校应审视自身的校园环境,加强中华优秀传统文化符号的建设,比如建造孔子塑像等。除此之外,学校也可以通过各种教学楼的命名,如日新、博文、博雅等名称,让教学楼本身成为中华优秀传统文化的符号,使学生在潜移默化中受到激励。

第四,通过多种途径加强中华优秀传统文化宣传。学校应通过传统媒体与新媒体相结合的方式积极强化对中华传统文化的正面宣传。通过校园广播、校园报纸、校园信息栏、校内网站、校内公众号、教室板报等宣传途径,选取优秀的传统文化内容进行广泛传播,使学生能够通过多种渠道加深对中华优秀传统文化的认识与了解。

三、构建家庭多样式中华优秀传统文化环境

家庭是人生的第一所学校,父母是孩子的第一任老师。"一个孩子从降生到完全独立地进入社会,有三分之二的时间是在家庭中度过的。"①家庭环境是个体成长的第一环境,家庭结构、家庭关系、父母的综合素质以及教育理念、教育方式,对个体的身心健康、道德品行、知识结构、审美趣味的形成与发展具有深远的影响。因此,通过家庭中多样式中华优秀传统文化熏陶,能够形成家庭中中华优秀传统文化氛围。在个体成长的第一环境,即家庭环境中融入中华优秀传统文化元素,能够提升子女对传统文化的兴趣,使其乐于接受具有道德意蕴的中华优秀传统文化内容,有助于中华优秀传统文化在子女道德教育中价值的实现。

第一,关注子女全面发展。在现代社会,家长普遍关注子女的知识水平,不惜投入大量的时间和精力提升孩子的学习

---

① 陈秉公.思想政治教育学原理[M].沈阳:辽宁人民出版社,2000:291.

成绩,但却忽视了子女各方面素质的全面协调发展,进而导致其出现综合素质不高、社会适应性不强等问题。虽然在传统家庭教育的观念中,家长最重视对子女品德的培养。但实际上家长在子女道德教育方面投入的时间与精力,与其对子女道德品行的重视程度严重失衡。家长一般采用严格要求的方式培育子女的道德品行,甚至有些家长发现子女的不良行为后,对子女非打即骂。这种教育方式单一且缺乏灵活性,形成的教育效果并不理想,甚至还有可能使子女产生逆反心理。

中华优秀传统文化在高校思想政治教育中所表现出的价值性,能够给家庭教育提供一个崭新的路径,为子女全面发展提供一种新的可能。家长应有意识地通过学习、活动、娱乐等形式,培养子女学习中华优秀传统文化的相关内容,比如带领子女参加国学班,阅读中华优秀传统文化相关书籍、观看中华优秀传统文化节目,培养子女画国画、弹古琴等兴趣爱好。子女从小受到中华优秀传统文化的熏陶和感染,能够促进其身心协调发展,有助于传统文化的思想政治教育价值实现,在潜移默化中促进其良好道德品行的养成,使其在步入社会后,能够更好地适应社会、服务社会。

第二,发挥榜样示范作用。苏联教育家马卡连柯指出,父母对自己的要求,父母对自己家庭的尊敬,父母对自己一举一动的检点,这是首要的和最基本的教育方法。在家庭环境中,通常情况下父母是子女接触最多的对象,子女通过观察和模仿父母的言行举止,逐步形成自身的性格特征和行为习惯。

因此,家长应自觉学习中华优秀传统文化知识,通过练书法、画国画、弹古琴、下围棋、品香茶等形式娱乐身心,自觉开展积极健康的传统节庆习俗活动,为子女树立学习传统文化的榜样,促进家庭成员在潜移默化中将学习中华优秀传统文化转变为自觉的行为。

第三,塑造古雅的装修风格。家庭中的家具与装饰、设计与布置能够彰显家庭装修的风格,是家庭环境最主要的外在表现形式。家长在家庭装修的设计以及家具与装饰的选择方面,应尽可能多地融入中华优秀传统文化元素,比如毛笔书法、水墨山水画、中国结、京戏脸谱、皮影、剪纸、祥云图案等,使家庭成员在朴素古雅、别具韵味的环境中,受到中华优秀传统文化的熏陶感染,萌生学习中华优秀传统文化的兴趣。

四、拓宽朋辈互惠式中华优秀传统文化交流渠道

"朋辈群体又叫同龄群体,也叫同辈群体,是由年龄、兴趣、态度、价值观、社会地位等方面极为接近的人所组成的一种非正式初级群体。"①我国古代非常重视朋友的选择。孔子提出"友直,友谅,友多闻,益矣",充分显示出在古代朋友之间的交往对于个人素质的重要影响,拥有一名益友往往能够使自己收获知识,增长见闻,同时促进良好品行的养成。而美国当代著名心理学家阿尔伯特·班杜拉(Albert Bandura)认为:

---

① 何新生,张涛.增强朋辈群体凝聚力　提高朋辈教育实效性[J].学校党建与思想教育,2012(33):21.

"相同年龄的伙伴之间的相互影响远远大于他们接受其他群体的影响。一般而言,榜样与观察者的相似程度越大,就越容易受到观察者的注意。"①因此,要积极利用朋辈关系对于个人成长的影响,塑造具有浓厚中华优秀传统文化氛围的社交圈,使个体能够从中汲取中华优秀传统文化营养,潜移默化提升道德品行,实现中华优秀传统文化在高校思想政治教育中的价值。

第一,引导朋辈中华优秀传统文化交流。在任何社会、任何时代都存在着朋辈群体所组成的社交圈,进而形成社交圈亚文化。社交圈亚文化的良好与否,直接决定着其对道德教育产生何种性质的影响。因此,社会、学校、家庭有责任对社交圈亚文化加以正向引导,将中华优秀传统文化的内容融入社交圈亚文化中,积极促进朋辈群体开展有益身心的中华优秀传统文化交流与活动。

第二,培养具有较高中华优秀传统文化修养的朋辈群体核心人物。所谓"朋辈群体核心人物"即在朋辈群体中有一定威望和影响力,能够得到大多数人的信任与认可的一个或某个群体成员。朋辈群体核心人物具有一定的凝聚力和向心力,对于朋辈群体中的其他成员影响极大。朋辈群体核心人物通常是朋辈群体自发形成的,但社会、教师、家长的影响也会对朋辈群体核心人物的形成和产生起到一定的作用。因

---

① 高申春.人性辉煌之路:班杜拉的社会学习理论[M].武汉:湖北教育出版社,2000:134.

此,应积极培养朋辈群体核心人物的中华优秀传统文化修养,或是推选中华优秀传统文化修养较高的人成为朋辈群体核心人物,促使其推动互惠式中华优秀传统文化交流活动地开展,同时发挥榜样示范作用,激发朋辈群体中的成员学习中华优秀传统文化的意愿。

第三,创建朋辈中华优秀传统文化交流平台。朋辈中华优秀传统文化交流平台,有助于朋辈群体进行中华优秀传统文化的沟通与交流,并提升中华优秀传统文化素养,产生群体成员学习中华优秀传统文化的兴趣,有助于中华优秀传统文化中高校思想政治教育价值的实现。因此,应积极创建朋辈传统文化交流平台,比如在高校组织关于中华优秀传统文化方向的博士生讲师团,定期面向在校学生开展中华优秀传统文化宣讲;开通校园里中华优秀传统文化宣传推广的微信公众号;组建传承传统文化的社团等。此外,朋辈中华优秀传统文化交流平台应与新媒体相结合,组建传统文化学习微信群、QQ 群等,使朋辈群体间能够进行更加有效、更加及时地沟通与互动。

第五节　构建中华优秀传统文化价值实现的保障体系

实现中华优秀传统文化在高校思想政治教育中的价值是一个系统性工程,需要通过大学生道德教育与中华优秀传统文化之间的内在联系,利用中华优秀传统文化中的相关资源优化大学生道德教育,促进高校思想政治教育模式的创新,提升高校思想政治教育的实效性,最终实现大学生道德素养的全面提升。因此,实现中华优秀传统文化在高校思想政治教育中的价值,需要家庭、学校、社会多方形成合力,通过相关政策的支持、文化资源的保护、基础设施的建设和教育队伍的提升,积极构建中华优秀传统文化价值实现保障体系。

一、健全中华优秀传统文化价值实现的政策措施

中国特色社会主义已经进入新时代。国家与社会对大学生道德素养的要求日益提高,加强与深化大学生道德建设已成为党和国家文化建设中的重点内容。作为提升大学生道德素养的主要途径和必由之路,推进高校思想政治教育的发展已经势在必行。高校思想政治教育相关政策的制定和实施能够体现出党和国家及地方各级政府部门对高校思想政治教育的重视程度,能够明确高校思想政治教育的发展方向。高校思想政治教育政策在内容中体现中华优秀传统文化价值,能够引导和调动社会各方面的力量,实现中华优秀传统文化在高校思想政治教育中的价值。

目前,中华优秀传统文化在高校思想政治教育中价值实现的相关内容,仅在传承与弘扬传统文化相关政策中有零星体现,致使社会对于中华优秀传统文化在高校思想政治教育中的价值缺少足够重视和深入挖掘。因此,国家应根据新时

代我国高校思想政治教育的发展情况,结合我国大学生道德素养的基本情况,制定高校思想政治教育的相关实施细则,并在其中体现中华优秀传统文化在高校思想政治教育中的价值,使其引起社会各界的重视,积极调动各方力量,深入挖掘中华优秀传统文化在高校思想政治教育中的价值,促进大学生道德素养的提升。具体而言,鼓励申报中华优秀传统文化在高校思想政治教育中价值实现的重点项目,尤其是对于可操作性强的调研项目应给予大力支持;鼓励中华优秀传统文化在大学生道德教育中价值实现相关课程的研发,对于有杰出贡献的教育者应予以适当物质奖励;通过传统媒体与新媒体相结合的方式,全面推广与普及相关高校思想政治教育课程,比如将相关课程的光盘免费发放给各机关单位、企事业单位,建议其组织集中学习,或是将相关课程纳入网络平台供大学生免费学习等;鼓励结合中华优秀传统文化的精华内容,研发底蕴深厚、教化育人的优秀文艺作品,将其艺术价值与大学生道德教育的要求相结合,并运用丰富多样的艺术形式进行当代表达;鼓励结合传统文化的精华内容,制作具有育人功能的文创产品,如书签、贴纸、明信片、纪念币等,对于那些教育效果好且受到人民群众广泛欢迎的产品,应给予产品研发者适当的奖励,并投入一定的资金大量购买产品,将产品作为志愿服务、公益活动的奖励发放给个人;倡导各级机关、企事业单位、社区以及各级各类学校制定思想政治教育的实施细则,并在细则中突出中华优秀传统文化在学校思想政治教育中的价值,使教育者可以大胆地将中华优秀传统文化的价值元素纳入到高校思想政治教育中,实现大学生道德教育的创新与发展。

二、保护中华优秀传统文化价值实现的文化资源

中华优秀传统文化资源是实现中华优秀传统文化在高校思想政治教育中价值的基础和前提,没有丰富的中华优秀传统文化资源,中华优秀传统文化在高校思想政治教育中的价值就无从谈起。随着经济一体化的日益深入,历史文化名城在经济发展的浪潮下濒临边缘化,某些少数民族地区的民族习惯和生产方式等,也受到经济开发的影响而有不同程度的转变。与此同时,许多能够彰显中华优秀传统文化魅力的项目在现代市场环境下处境艰难,甚至随着老一辈传承人的逝去而没落无迹。因此,保护中华优秀传统文化资源,尤其是与优秀传统文化在高校思想政治教育中价值实现密切相关的文化遗产势在必行,且迫在眉睫。

第一,保护中华优秀传统文化价值实现的物质文化遗产。物质文化遗产主要包括遗址、文物和建筑群。首先,加大投资力度。除去以追求经济利益为目标的常规投资,政府应以财政税收补贴等形式鼓励私人和企业增加对物质文化遗产的无偿资助,加强对物质文化遗产的修缮与保护。其次,应探索以积极保护为前提的区域整体协调发展战略规划,进行古城和新城的合理布局。应在保证文化遗产的前提下,使中华优秀

传统文化与现代新兴产业对接,合理适度发展旅游业,彰显本国传统文化特色。最后,应积极发动人民群众的力量保护物质文化遗产,比如鼓励个人加入社会公共利益服务组织,鼓励个人参加文化遗产保护活动;表彰奖励捐赠文物给博物馆的个人;全民树立保护文物古迹的意识,制止和惩戒肆意破坏文物古迹的行为。

第二,传承中华优秀传统文化价值实现的非物质文化遗产。"非物质文化遗产是文化遗产的重要组成部分,是各族人民在生产生活实践中创造并世代相传的各种文化表现形式和文化空间。"①非物质文化遗产主要包括口头传说与表述、表演艺术、民俗活动、传统手工技艺等。

首先,认定、保护和培养非物质文化遗产的传承人。非物质文化遗产是需要依靠人与人之间的交流来传承的活态文化。保护非物质文化遗产的关键环节是保护和培养非物质文化遗产传承人。政府应鼓励代表性传承人开展传习活动,建立起一套科学有效的传承机制,并对其传习活动予以资金支持和广泛宣传。同时应重视普通传承人的培养,通过举办研修班或中华优秀传统文化活动等途径培育大批非物质文化遗产普通传承人。

其次,创造良好的文化生态环境。良好的文化生态环境能够激起人们对非物质文化遗产的学习兴趣,使非物质文化

---

① 段超,孙炜.关于完善非物质文化遗产保护政策的思考[J].中南民族大学学报(人文社会科学版),2017(6):62.

遗产与环境融为一体,彰显其独特魅力,促进非物质文化遗产的传承。因此,应努力建设和发展文化生态保护区,创造良好的文化生态环境。

最后,加强基础设施建设。某些非物质文化遗产的展示与传承需要一定的基础设施,比如服装、道具、场地等。政府及文化保护单位应当在充分调研、了解实际情况的基础上,采取针对性措施加强非物质文化遗产展示和传习基础设施建设,保证传承人有条件展示和传承其技艺。

三、开拓中华优秀传统文化价值实现的教育基地

教育基地是实现中华优秀传统文化价值的基本设施和必要场地,主要包括道德教育基地、传统文化教育基地等。目前,传统文化价值实现的教育基地还存在着基地数量严重不足、基地建设质量不高、基地缺乏有效保护等问题。因此,必须大力兴建、保护和发展传统文化价值实现的教育基地,促进中华优秀传统文化在高校思想政治教育中价值的顺利实现。

第一,兴办道德教育基地。道德教育基地是中华优秀传统文化价值实现的主阵地。政府和各级部门应投资兴办全民道德教育基地,鼓励社会道德教育基地和学校道德教育基地的创建,增加道德教育专项基地的数量,在基地中充分体现中华优秀传统文化元素,开设中华优秀传统文化与高校思想政治教育方向的相关课程,满足大学生提升道德修养的基本要求。同时,大力开展优秀道德教育单位评选活动,鼓励各级政

府机关、企事业单位建设专门的道德教育教室，并将其道德教育教室的建设情况，纳入优秀道德教育单位评选的机制中。在道德教育教室中融入中华优秀传统文化元素，上架能够体现中华优秀传统文化价值的道德教育书籍，配备投影和话筒等教学必备的设施，创造温馨舒适、整洁大方的道德教育环境。

第二，筹建并发展中华优秀传统文化教育基地。中华优秀传统文化教育基地，如博物馆、艺术馆、展览馆、美术馆等场所，除了承担提升大学生中华优秀传统文化修养的任务，同样担负着中华优秀传统文化价值实现的任务。因此，国家和政府应积极筹建中华优秀传统文化教育基地，加大资金投入力度。有条件的学校应利用其办学特色与优势资源，在校内创建传统文化展览馆。传统文化展览馆和传统文化教育基地在展示中华优秀传统文化魅力的同时，应积极进行道德教育，因地制宜利用中华优秀传统文化资源，实现中华优秀传统文化在大学生道德教育中的价值。保护中华优秀传统文化教育基地，对其外观及内部设施进行定期维护，尤其是对文物古迹等进行重点保护，使其能够维持正常运转，实现可持续发展。发展中华优秀传统文化教育基地，挖掘中华优秀传统文化资源的道德教育价值，设立道德教育教室，探索中华优秀传统文化价值实现渠道，通过场景设置、专题片点播、举办道德教育讲堂等形式，展示中华优秀传统文化价值，提升大学生道德素养。

四、加强中华优秀传统文化价值实现的队伍建设

高校思想政治教育中,教育者直接制定教育方案、传授教育内容、组织教学活动,因此教育队伍的建设情况和教育者自身的传统文化素养,直接关系着中华优秀传统文化在高校思想政治教育中的价值能否顺利实现。这就意味着教育者不但需要具有较高的道德教育能力,还需要加强自身建设,努力提升中华优秀传统文化修养。同时,社会各类道德教育机构应广泛吸纳德才兼备的中华优秀传统文化学者,作为高校思想政治教育中中华优秀传统文化价值实现的后备力量。

第一,提升教育者的传统文化修养。首先,在师范类院校中,应重视传统文化教育。师范类院校是培养高校思想政治教育者的主阵地,因此应将中华优秀传统文化课程作为师范类院校所必须开设的选修课课程之一,提升师范类大学生的中华优秀传统文化素养。其次,应将中华优秀传统文化纳入教育者的培训中,成为入职培训、定期轮训、脱产进修的重要内容,使教育者能够认识中华优秀传统文化在高校思想政治教育中的价值,积累传统文化的相关知识,总结价值实现的方法并运用到教育中去。最后,教育者应自觉提升中华优秀传统文化素养。教育者应清楚地认识到中华优秀传统文化的价值,通过阅读中华优秀传统文化相关书籍、学习传统技艺、欣赏传统艺术、参加中华优秀传统文化讲座、观看中华优秀传统文化内容的专题片、观摩文物古迹等活动,自觉提升中华优秀

传统文化素养。

第二,吸纳德才兼备的中华优秀传统文化专家。高校思想政治教育中中华优秀传统文化价值的实现,需要教育者具有较高的中华优秀传统文化素养,但是提升教育者的中华优秀传统文化素养并非是一朝一夕就能够实现的,需要长时间的学习和积累,因此可以吸纳德才兼备的中华优秀传统文化专家成为高校思想政治教育的教育者,充实和拓展教育队伍,确保中华优秀传统文化价值的顺利实现。首先,发动中华优秀传统文化教育者,通过聘任其为道德教育教师等形式,鼓励其挖掘中华优秀传统文化价值,积极开设相关课程及讲座活动。其次,发动中华优秀传统文化传承人,尤其是非物质文化遗产的传承人,邀请其到各大院校、企事业单位、文化艺术展馆等,参加中华优秀传统文化交流与传承活动,在展示中华优秀传统文化魅力的同时,融入道德教育内容,在潜移默化中提升观赏者的道德修养。最后,发动博物馆、艺术馆、展览馆的志愿者和讲解员,鼓励其在讲解过程中,将中华优秀传统文化内容与道德教育融入其中,阐释中华优秀传统文化相关展品的道德内涵,使参观者了解其背后的道德意蕴,提升道德修养。

第六节 提升中华优秀传统文化融入高校思想政治教育机制

中华优秀传统文化融入高校思想政治教育是一项长期系

统的工程,不可能一蹴而就,需要全社会长期共同努力。我们应该充分挖掘中华优秀传统文化中蕴含的丰富思想政治教育资源,把其作为提升和改进高校思想政治教育的重要载体和平台,将其充分运用到高校思想政治教育中去,探寻中华优秀传统文化与高校思想政治教育相融合的正确途径,用以提升两者融合发展的成效。

一、转变思想观念,重视中华优秀传统文化教化作用

中华优秀传统文化担负着中华民族文化血脉传承的历史使命,经历了时间和历史实践的反复检验,历久弥新,为中国人民和中华民族的自立、自尊、自豪与自信增添了无穷动力,是中华民族长久兴旺发达的重要原因,也是中国人民实现中华民族伟大复兴中国梦的不竭动力,应当也必须成为中国人民和中华民族的信仰之一。

社会要形成推动中华优秀传统文化创造性转化和创新性发展的生活情景和社会氛围。党的十八大以来,中央高度重视中华优秀传统文化的重要价值,陆续出台了《完善中华优秀传统文化教育指导纲要》《关于实施中华优秀传统文化传承发展工程的意见》等一系列有关加强和改进传统文化传承发展的规范性文件。在党的十九大报告中,习近平总书记专门强调要坚定文化自信,推动社会主义文化繁荣兴盛。在全国思想宣传工作会议、文艺工作座谈会、纪念孔子诞辰 2565 周年国际学术研讨会等重要会议和场合,习近平总书记也多次强调

要培育和弘扬立足于传统文化的社会主义核心价值观,强调传统文化对世界文明发展的重要作用。这充分体现了以习近平同志为核心的党中央对传统文化的重视,体现了新一代中央领导集体对传统文化的新认识、新判断,这对于我们更好地传承、保护和弘扬传统文化,将其融入高校思想政治教育中指明了方向,提供了坚实的出发点和落脚点。对于中国老百姓而言,虽然在一段时间内传统文化一直未能得到应有的重视,但文化对人们的影响是潜移默化的,人们在内心深处对传统文化依然有一种久已有之的朴素情感,这从春节、端午、中秋等传统节日纪念活动中便可体现出。我们现在要做的,就是要把人们心中对传统文化"无意识"的朴素情感,升华为他们内心深处对传统文化的理解与认同。要采取有效举措促进全社会恢复对中华传统优秀文化的价值认知和认同,形成学习和传承中华传统优秀文化的热情,并使这一热情得以长久保持,为中华传统优秀文化融入高校思想政治教育营造积极而浓厚的氛围,确保融入的质效。

教育行政主管部门和高校要提高对中华优秀传统文化教育的认知。思想是行动的先导。要想真正把中华优秀传统文化融入高校思想政治教育中去,首先要转变思想观念,整个社会要真正体悟到中华优秀传统文化的魅力和博大精深之处,尤其是我们的教育行政主管部门和高校更要认同传统文化的价值,因为他们才是传统文化重要的组织者、推动者和传播者。也只有高校教师发自内心地理解和感悟中华优秀传统文化的深沉隽永,才能真正发挥中华优秀传统文化资政育人和涵养道德的作用,文化自信的魅力才能得以永久张扬。通过中华传统优秀文化的有效浸润,可以培养学生高尚的爱国主义情操、道德情操及正确的思想政治素质,使其领略中华优秀传统文化对高校思想政治教育的魅力,做到入脑入心。只有首先构建起全社会对传统文化的价值认同机制,才能抓住中华优秀传统文化融入并有效促进高校思想政治教育发展的根本,保证中华优秀传统文化对高校思想政治教育长效机制的发挥,形成中华优秀传统文化对高校思想政治教育的持久影响,实现中华优秀传统文化和高校思想政治教育相互融合的跨越式发展。思想观念的转变,价值认同机制的形成,需要全社会为之共同努力。

传统文化在近代以来的式微和功能的限制,与各级教育行政主管部门、各高校等教育部门对传统文化的态度和重视程度不无关系。当前,教育部门应切实提高对中华优秀传统文化价值和作用的认知,为中华优秀传统文化融入高校思想政治教育创造良好的机制。

高校教师要提高对中华优秀传统文化价值追求的认同。只有人民有信仰,国家才会有力量,民族才会有希望。文化是一个民族的血脉所在,是一个民族赖以生存的精神家园。传统文化是一个民族集体智慧的结晶,是一个民族创造的所有物质财富和精神财富的核心及价值所在。一个民族的生存和发展如果没有传统文化的浇灌与涵养,便难以结出为世人惊艳的硕果,也难以长久立于世界民族之林。

对中华优秀传统文化融入高校思想政治教育工作而言,高校教师首先要在思想深处转变对传统文化价值追求的认知。只有作为传道授业解惑者的高校教师切实转变了思想观念,在内心深处形成对中华优秀传统文化的价值认知和认同,才能最直接地促进中华优秀传统文化融入高校思想政治教育工作的顺利开展。因为教师的言行对于高校学生的影响,显然是直接而巨大的,非他人可比拟。

高校学生应把对中华优秀传统文化的学习作为终身追求。高校学生是思想政治教育的最终接受者,如果他们没有在内心深处认同中华优秀传统文化的重要性,没有认识到中华优秀传统文化的价值,那么,中华优秀传统文化与高校思想政治教育的融合便会浮于表面,流于形式,难以取得实效并达到教育目的。

在中华优秀传统文化融入高校思想政治教育过程中,各级教育部门要创新工作举措,增强中华优秀传统文化对他们的吸引力,着力提高高校学生对传统文化的认知,转变他们对传统文化的看法和态度,使他们真正认识到中华优秀传统文化的魅力所在,并使他们自觉投入到中华优秀传统文化的传承和弘扬中去,把对中华优秀传统文化的学习和传承作为一项习惯长久保持下去。

二、营造舆论氛围,激发中华优秀传统文化学习热情

常言道,"近朱者赤,近墨者黑",外在环境对人的成长发展有着重要影响。在当今社会,大众传媒所产生的舆论宣传作用不容小觑,特别是在各种新媒体大量出现、信息传播速度越来越快和传播范围越来越广的形势下,如何利用好舆论宣传工具,为中华优秀传统文化融入高校思想政治教育营造良好环境和氛围,值得我们为之认真思考。在这一过程中,各相关部门要相互配合,充分利用有效载体和平台,发挥宣传教育主阵地作用,以激发高校学生主动学习中华优秀传统文化的热情,为传统文化融入高校思想政治教育营造出浓厚的氛围。

优化中华优秀传统文化传播的载体和环境。由于社会经历和人生阅历的不足,高校学生的世界观、人生观和价值观还未最终成型,对纷繁多变的世界形势缺乏准确的判断能力,这就导致他们的思想极易受到外界因素的影响。从目前情况看,随着文化多样性的发展,一些学生也确实受到了不良社会风气、错误价值观等的影响,人生发展道路偏离正常轨迹。因此,优化社会环境,营造健康和谐有序的社会环境,把中华传统文化的优秀因子嵌入社会生活的各个方面,必将会对中华优秀传统文化融入高校思想政治教育创造良好条件。

随着现代信息技术,特别是互联互通技术的快速发展,传统文化传播方式正在发生深刻变革,使得思想文化的传播速度、途径和方式较之以前有了翻天覆地的变化。当前,除了报

刊、电视、广播等传统信息传播媒介,微信、微博、抖音等新兴传播媒介越来越多地出现在我们的日常生活中。这些新的信息传播载体符合时代发展趋势,容易被高校学生群体接受。因此,各级教育行政主管部门、各类高校及教师要在充分利用传统媒体的基础上,主动利用自媒体、新媒体抢占舆论宣传阵地,把握舆论宣传主动权,发挥它们在中华优秀传统文化融入高校学生思想政治教育中的作用。

一是积极开辟舆论宣传新阵地。当前,与报纸、电视、广播等传统传播媒介相比,网络成为高校学生获取信息的主要来源,特别是在手机、平板电脑等移动信息终端日益普及的情况下,更是如此。手机、平板电脑等移动信息终端不仅是社会大众每天都离不开的产品,也成为高校学生每天须臾不离的对外联系的窗口。如何借助和把握好新媒体作为传播中华优秀传统文化的新载体,对于我们顺利实现中华优秀传统文化与高校思想政治教育的对接和融合具有重要的启示意义。各高校可以充分借助已有的学校网站、论坛、微信等媒介,通过组建 QQ 群、微信群等方式,加强中华优秀传统文化的学习交流,抓住新型传播媒介在舆论宣传方面的优势。通过有效的互动交流,引导学生主动参与到中华优秀传统文化的学习中来,而非被动学习。

高校及思想政治教育工作者要充分利用网上阅览室、网上图书馆等网络文化资源,并根据实践需要开发建设新的网络文化资源,巩固网络文化矩阵,强化网络宣传阵地。联合党委宣传部门、党支部、团委、学生会等党团社团组织,开发一些高校学生喜闻乐见的、包含传统文化元素的网站、游戏软件、聊天软件等,吸引学生的进驻。通过充分发挥这一平台的功能,积极开展思想政治教育活动,激发高校学生对中华优秀传统文化的热情,实现寓教于乐。

此外,作为一种应尽的责任,网络主管部门和高校应高度重视网络对高校学生的影响,本着对学生负责,对国家和民族未来负责的态度,加大对网络的监管力度,采取有力措施进一步净化网络环境,特别是净化校园网络环境,营造健康、积极向上的校园网络文化氛围,给高校学生以正确引导,为中华优秀传统文化与高校思想政治教育的融合营造良好网络环境。

二是根据时代的发展需要与时俱进。从历史发展规律上看,传统不是一成不变的,而是随着时代的发展不断调整并推陈出新的,以适应时代发展的需要。我们在加强舆论宣传的过程中,也要根据时代发展需要,既注重挖掘传统文化的思想精华,又要注意加以甄别,取其精华,去其糟粕,正确认识传统文化,并使中华传统优秀文化与社会主义核心价值观等当代价值相结合,赋予其新的时代内涵,以增强其对高校学生的吸引力,提高学生学习中华优秀传统文化的自觉性和主动性。

加强中华优秀传统文化建设。传统文化是我们民族的瑰宝,无时无刻不在影响着我们的生活。从历史发展情况看,近代以来,传统文化式微,新中国成立以来,有关中华优秀传统文化传承、弘扬等方面的建设存在一定程度的滞后,已远远不能满足人民群众对传统文化的需要,不能满足人民群众对美好生活的需要。对此,社会有责任,高校有责任,家庭也有责任。

　　首先,发挥政府在中华优秀传统文化建设方面的主导作用。政府在传统文化建设方面既具有主导作用,又负有不可推卸的重要责任,而且具有开展传统文化建设的天然优势。在目前中央逐渐认识到中华优秀传统文化重要作用的情况下,政府应该采取更多贴近人们生活、贴近生活实际的方式来宣扬中华优秀传统文化,使人们逐渐认识到中华优秀传统文化的意义所在,激发并唤起全社会对传统文化的热情。除了政府力量,要积极引导民间资本、社会力量参与历史博物馆、传统文化展览馆、传统文化题材影视作品等有关中华优秀传统文化的建设和传播,拓展优秀传统文化交流传播的领域和基础。要开展国家层面的优秀传统文化主题宣传教育活动,加深全社会对优秀传统文化的认知。要积极开展国内不同区域之间、国与国之间的中华优秀传统文化交流活动,通过互动交流,取长补短,相互促进。

　　其次,加强中华优秀传统文化走进校园。"校园文化活动具备潜在的育人作用,它构成了大学生隐性思想政治教育的重要组成部分,将中华优秀传统文化融入校园文化能更好、更有效地做好大学生思想政治教育。"①除了跟父母、亲人的联

_____

① 丁宏.优秀传统文化与大学生思想政治教育融合探究[J].思想政治教育研究,2016(6):99.

系,校园是与高校学生最密切的关联所在。校园传统文化建设和开展情况,直接影响到高校学生对传统文化的学习兴趣,是开展高校思想政治教育的重要依托,对高校和高校学生而言,都至关重要。在校园环境建设时,高校应从实际情况出发,在条件允许的情况下尽可能多地把传统文化元素融入校园建设中去,构建蕴含丰富传统文化元素的软硬件校园环境。比如,修建传统文化景观、古代和近代文化先贤大儒的雕像、在显著位置镌刻经典名言警句等,拉近高校学生与传统文化的距离,使他们可以在日常生活中直观感受和认知中华传统优秀文化,无形中接受中华传统优秀文化的影响,达到"润物细无声"的教化效果。这是中华传统优秀文化融入高校思想政治教育的有效途径。

第三,营造良好的家风家教氛围。家庭,作为社会的基本细胞,不是脱离社会的孤立存在物,而是所有社会组织中反映社会生活变化最敏感、最迅速的单元,其结构以及相应的家庭文化,诸如伦理关系、道德规范等就必然会随着社会的变革发生巨大变化,从而极大地影响其成员的成长、发展以及思想状况。①

古人云:"身教重于言行。"父母是子女的第一任老师,父母的一言一行对子女的成长至关重要,对子女有最为直接的影响。高校学生虽然基本都已成年,但由于人生经历、社会阅

---

① 蒋勇,邱国栋.论个人品德与社会公德、职业道德、家庭美德及其关系[J].思想教育研究,2010(9):39-43.

历的不足,缺乏对事物的准确判断能力,家庭环境、父母言行举止对其影响依然巨大。因此,营造一个"老吾老以及人之老,幼吾幼以及人之幼"、和睦友善的家庭氛围,对高校学生思想道德品质、人文素养等方面的养成和提高,具有重要作用。在此过程中,父母要以身作则,以实际行动引导子女继承和发扬包括中华传统美德在内的中华优秀传统文化,保证子女的成长沿着正确的道路前行。

开展形式多样的中华优秀传统文化活动。除了社会层面的传统文化活动,校园活动对高校学生一般具有较强的吸引力,特别是一些形式多样、新颖、丰富多彩的活动,更是对高校学生极具吸引力。高校可以积极引导学生组建一些学习传播传统文化方面的社团,在组织、经费等方面给予尽可能多的支持。通过党委、学生会、团委等党团学团组织定期举办传统文化月,在春节、端午、中秋和清明等中华民族传统节日前后组织纪念和庆祝活动。开展传统文化知识竞赛,学习借鉴《中国诗词大会》等优秀节目的经验,组织类似活动,开展形式多样、内容新颖丰富的中华优秀传统文化实践活动。这些活动既可普及中华优秀传统文化,又可在潜移默化中让学生充分领略中华优秀传统文化的魅力,增强他们对中华优秀传统文化的认知和认可,提升他们传承中华优秀传统文化的兴趣。通过开展形式多样的文化活动,营造中华优秀传统文化融入高校思想政治教育的浓厚氛围。

三、促进改革创新,优化中华优秀传统文化融入方式

时代在发展,社会在进步,传统的教育教学方法已难以适应高校发展的需要,因此,优化中华优秀传统文化与高校思想政治教育的交融,促进高校思想政治教育教学方法的改革创新势在必行。

丰富教学内容和改进教学方法。在教育内容上,各高校应当有针对性地完善中华优秀传统文化和高校思想政治教育相结合的知识体系,在思想政治教育教学内容中适量增加传统文化内容,进一步夯实高校学生的传统文化功底。在教学方法上,高校思想政治教育课教师要善于利用现代信息传媒、现代教育教学技术等科技发展带来的便利条件,运用高校学生乐于接受的方式传播传统文化,多方位引导高校学生阅读中华优秀传统经典著作和思想政治教育著作,获得文化和思想政治的双重熏陶。在教学手段上,高校思想政治教育课教师要善于观察,善于总结,紧随时代步伐,敏锐把握社会热点问题和高校学生较为关注的问题,并能够从中华传统优秀文化和高校思想政治教育相结合的角度找到解决问题的途径,以此为突破口,既增强中华优秀传统文化对高校学生的吸引力,又使他们通过问题解决的过程接受传统文化和思想政治的双重洗礼,切实提高他们在运用中华优秀传统文化分析问题、解决问题方面的能力。

完善教材和增加课程设置。2014 年 3 月,教育部下发的

《完善中华优秀传统文化教育指导纲要》明确指出:"在高等学校统一推广使用马克思主义理论研究和建设工程重点教材《中华文化概论》。"教材是开展高校思想政治教育的基本工具,"课堂教学不仅是大学生接受专业知识的主要渠道,也是将传统文化融入大学生思想政治教育的重要场所"①。课堂是高校学生学习中华优秀传统文化和接受思想政治教育的主阵地。目前高校学生对传统文化的认知不足,很大程度上与教材编写和课程设置有关。中华优秀传统文化博大精深,蕴含着不可多得的丰富思想政治教育资源,如果加以挖掘,将其融入高校思想政治教育中去,必将对提升高校思想政治教育教学效果大有裨益。

我们认为,一是要选择合适的中华优秀传统文化经典进教材。针对各个年级的特点,选择合适的中华优秀传统文化内容编入教科书。因为中华优秀传统文化涉及的面很广,有的是涉及规律原理性的、有的是涉及方法论的、有的是涉及技术层面的、有的是涉及审美层面的,要视高校学生的所学专业适合内容,将相关内容编入教材里。二是要充分吸纳中华优秀传统文化最新的研究成果。在教材编写、教案设计上,应体现更多的传统文化元素,把传统文化最新的研究成果、思想精华融入教材教案建设中去。

目前,我国高校"两课"中还没有专门设置传统文化课程,

---

① 曲江滨,张薇.传统文化在大学生思想政治教育中的价值与应用.学校党建与思想教育,2012(1):69.

自主选择开设这门课程的高校也不多,且大多以选修课的形式设置,有的高校甚至连这方面的选修课也没有。为了中华优秀传统文化的薪火相传,也为了增加思想政治教育的人文元素,增强思想政治教育的民族特色,使中华民族的特色血脉得以传承,可以在"两课"中增加中华优秀传统文化课程,将其纳入思想政治理论课程体系中,并作为必修课设置,使其贯穿于高校学生教育的全过程。"为思想政治理论课注入人文活力,实现内涵拓展,使之成为思想理论有根可寻、有脉可把的课程,是适应大学生认知需要的。"①

创新教育教学机制。目前,中国人民大学、武汉大学、南昌大学等高校相继开设了国学院、国学班,成立专门机构专职教授中华优秀传统文化,取得了较为理想的效果,值得各级教育主管部门和其他高校借鉴。在国学院、国学班教育教学过程中,要使传统文化与时代有机结合,对传统文化既有传承,又有发展,使其兼具时代性和国际性。要制定完善的教育教学方案,加强对传统文化的研究与传播。各高校马克思主义学院、思想政治教研部等承担思想政治教育主要职责的单位,要主动加强与国学院、国学班的交流,实现教育教学信息的共享,合力打造中华优秀传统文化融入高校思想政治的新机制。此外,各高校可以根据实际情况,增设有关中华优秀传统文化的选修课,

---

① 何家义.论传统文化自觉与大学生核心价值体系培育[J].思想教育研究,2010(3):20.

设置中华优秀传统文化专题讲座、专题学术报告会等,由本校或者校外具有较高中华优秀传统文化素养的教师、专家学者专门讲授中华优秀传统文化,进一步拓宽高校学生接触和学习中华优秀传统文化的维度,丰富和完善他们的中华优秀传统文化知识体系。

搭建多维度教育平台。如前所述,实现中华优秀传统文化与高校思想政治教育的有机融合和共同发展需要全社会共同努力。因此,搭建包括各级教育主管部门、高校、家庭在内的多维度教育平台,实现信息的互联互通和共享,可以全方位保障融合的进行和效果的实现。

四、加强全面引导,提升中华优秀传统文化融入质效

中华优秀传统文化内容博大精深,蕴含着丰富的人文哲理和思想政治教育元素,需要创造性转化和通识性普及。如果没有正确的指引,高校学生在学习时便很难有效消化和吸收。因此,各级教育主管部门、高校及教师、学生家长,应最大限度地积极组织引导高校学生走进中华优秀传统文化,感受中华优秀传统文化,领略中华优秀传统文化的魅力,使其在潜移默化中自觉感悟中华优秀传统文化,全面提升融入质效。

国家层面。意识形态决定了传统文化的前进方向。在中华优秀传统文化融入高校思想政治教育时,必须始终坚持以毛泽东思想、邓小平理论、“三个代表”重要思想、科学发展观,特别是以习近平新时代中国特色社会主义思想为指导,以新

思想引领新时代,牢牢掌握中华优秀传统文化融入高校思想政治教育在意识形态上的主动权。

各级教育主管部门和高校作为中华优秀传统文化融入高校思想政治的主要责任单位,应当成为这一工作的组织者、推动者和实践者。宣扬正确的意识形态,旗帜鲜明地抵制和反对各种错误观点对高校思想政治教育的侵蚀,适时对相关制度和政策加以修订和完善,保证中华优秀传统文化融入高校思想政治教育沿着正确的路径前行。

高校层面。上下五千年的中华传统文化典籍浩瀚如海,但又良莠不齐,高校学生由于受到知识面及人生阅历等方面因素的限制,往往难以对此做出正确判断。因此,高校及教师应加强对学生的指引和引导,对传统文化书籍加以甄别,向学生推荐具有积极教育因素的人文经典著作,使他们通过不断阅读,受到传统文化的熏陶,从而提高自身的人文素养,提升自身的内在文化气质,真切感受中华优秀传统文化的魅力和感染力,增强文化自信心和民族自豪感,使他们的整体素质在潜移默化中得到不断提升,为中华优秀传统文化融入高校思想政治教育打下较为坚实的基础。

实践是检验真理的唯一标准,也是高校学生学习传统文化的有效路径。各高校可以在时间和条件允许的情况下,多组织学生到历史博物馆、传统文化展览馆、具有人文积淀的景区景点等地方参观学习,引导他们多参加一些传统文化实践活动,使他们直观感受中华优秀传统文化,加深对中华优秀传统文化的认知和了解。

家庭层面。父母是子女的第一任老师，家庭是子女的第一所学校，是传承中华优秀传统文化最初的摇篮，父母的言传身教对孩子的成长和道德品质的养成至关重要。

在家庭生活中，父母对子女的引导，直接影响到中华优秀传统文化传承和思想政治教育的效果。"天下之本在国，国之本在家，家之本在身。"千千万万个家庭的家风好，子女教育得好，社会风气好才有基础。无论什么时候，不论时代和生活发生多大变化，我们都要始终如一注重良好家风的养成。践行家庭美德，父母要既要以身作则，做好表率，又要善于循序渐进，加强引导，提升子女的道德品质、传统美德等方面的修养，不要在家庭教育方面拖后腿，为中华优秀传统文化与高校思想政治教育的融合营造良好的家庭氛围。

此外，各级教育主管部门、高校及教师、学生父母应积极采取措施引导学生形成良好学风，刻苦努力，严谨求学，自觉学习中华优秀传统文化，主动提升自身人文素养，提高思想政治、道德品质等涵养；教师应树立良好的教风，认真负责，严谨治学，以身作则，自觉肩负中华优秀传统文化融入高校思想政治教育的重任。

五、完善组织保障，夯实中华优秀传统文化融入基础

中华优秀传统文化与高校思想政治教育的融合绝非一朝一夕之事，而是一项长期系统的工程，需要国家、社会和高校

在制度建设、人财物等各方面下大力气进行长期投入，强化组织保障，否则难以取得实效，达到预期目的。

重视制度建设。我们常说，无规矩不成方圆，立规矩、定制度，是各项工作顺利推进的有效手段。只有用制度管人，用制度管事，以制度确保相关政策的落实，并形成常态化体制机制，才能紧紧抓住中华优秀传统文化融入高校思想政治教育的牛鼻子，使这一工作不会因人的变动而出现不良变化。在中央陆续出台《完善中华优秀传统文化教育指导纲要》《关于实施中华优秀传统文化传承发展工程的意见》等一系列有关加强中华优秀传统文化建设的规范性文件，及党的十九大报告中专门用一章阐释加强文化自信，推动社会主义文化繁荣兴盛的情况下，中央有关部门应当继续加强对中华优秀传统文化传承方面的研究，根据时代特点和发展需要完善相关规章制度。各级教育行政主管部门和各高校应当积极有为，尽快制定可以有效促进中华优秀传统文化传承和弘扬，使其融入高校思想政治教育的具体规章制度，制定并细化工作考评机制，完善配套措施，层层推进工作落实，使中华优秀传统文化进校园，进课堂，进教育管理者、传播者和高校学生的身心，推动中华优秀传统文化地位的确立和传承措施的贯彻落实，结出中华优秀传统文化与高校思想政治教育相融合的硕果。

增加经费投入。必要的经费投入，是中华优秀传统文化与高校思想政治教育相融合的基本物质保障。各级教育主管部门和高校要合理分配教育经费，积极主动增加对中华优秀传统文化与高校思想政治教育相融合方面的经费投入，并做到专款专用，督促款项落到实处。

一是要组织编写中华优秀传统文化读物。中华文化源远流长，博大深邃，是一座精神宝藏，蕴含并凝聚着中华民族的价值追求、理想信念、道德观念等。在中华五千年的发展历程中，有关传统文化的著作浩如烟海，且多以文言文的形式呈现，如《诗经》《论语》《史记》《资治通鉴》等，不胜枚举。从实际情况看，由于传统文化教育脱节等各方面因素的影响，大多数高校学生的传统文化功底不足，他们对以文言文形式呈现的传统经典著作，除课堂传授的著作还能研习，其他大多数经典著作就难以研读了。即使研读也颇费力气，更谈不上能有较为深入的理解。并且，目前国内有关中华优秀传统文化的系统性读物较少，给中华优秀传统文化的传承造成困难。因此，组织编写既通俗易懂，又兼具系统性的中华优秀传统文化专门读物，就显得尤为迫切。在编写这些读物的过程中，应充分考虑高校学生的普遍性身心特点和知识结构等因素，使读物更富针对性，适合高校学生阅读，可以引起他们的兴趣。俗话说，"十里不同乡，百里不同俗"，鉴于我国地域广泛，不同地域之间的文化存在较大差异，各地教育主管部门和高校可"因地制宜"，组织编写具有地域特色的中华优秀传统文化读物，使其更贴近高校学生的生活，更有利于他们对中华优秀传统文化的认同。

二是要购置必要的图书资料和教学设备。作为文科专业,高校思想政治教育虽不像理工科专业那样需要大批量购置仪器设备等教学设施,但必要的经费投入亦是高校思想政治教育工作正常开展的基本保障,也是一项必需的基本投入。高校思想政治教育影响作为国家未来接班人的高校学生的身心,影响到他们的世界观、人生观和价值观的形成,相对于其他专业而言,是国家意志的体现,是一种最根本的影响。因此,购置必要的图书资料和教学设施,并根据时代发展需要适时加以更新,有利于中华优秀传统文化与高校思想政治教育的有效融合,最终也有利于国家和民族的长远发展。

三是要加强教师队伍建设。中华优秀传统文化融入高校思想政治教育,非常重要的一点就是要加强教师队伍建设,对其进行定期培训,着力提高他们的中华优秀传统文化素养。教育以教师和学生为主体,通过一定媒介开展教学活动。师资水平的高低是判断大学优劣的标准之一,在对高校学生开展中华传统文化教育的过程中,高水平的师资队伍是必不可少的。① 教师作为传道授业解惑者,对学生的影响是最为直接的,他们自身的中华优秀传统文化素养如何,很大程度上可以影响教育效果和教育目的达到和实现。在日常融合过程中,既要注意增加传播中华优秀传统文化的教师数量,更要提高他们将中华优秀传统文化融入高校思想政治教育的质量,特别是要加大对思想政治教育课教师和从事思想政治教育宣传

① 舒维霖.中国优秀传统文化融入高职院校思想政治教育的路径探析[J].学校党建与思想教育,2015(3):35-36.

及学生工作人员的专门培训,培养一批兼具中华优秀传统文化和思想政治教育双重优势的骨干教师,多渠道提高他们对中华优秀传统文化的认知,提升他们的中华优秀传统文化素养,为中华优秀传统文化与高校思想政治教育的融合创造条件。

六、构建协调机制,保障中华优秀传统文化融入效果

中华优秀传统文化融入高校思想政治教育是一项长期而系统的工程,涉及国家、社会、高校、家庭、学生等方方面面。中华优秀传统文化融入高校思想政治教育,应坚持以循序渐进的方式进行。为保障融入效果和意识形态的正确性,构建一套行之有效的协调机制,就显得尤为必要。

加强组织领导。从国家整体发展利益出发,将中华优秀传统文化融入高校思想政治教育,不单是教育主管部门或者教育机构的事情,而是需要全社会为之共同努力的事情。但是,在这一过程中,如果不加强组织领导,而是由各部门、各单位分头行动,各自为政,难免会使融入效果大打折扣,也难以取得预期效果。从实际情况看,在确定党委统一领导的前提下,把各级教育行政主管部门分别确立为各级政府加强传统文化融入工作的牵头部门,既契合我国高校教育发展现状,也符合我国高校教育发展实际。在国家层面,应由党中央组织形成由教育部牵头,有宣传部、广电总局等中央各相关单位共同参与的常设性议事协调机制。比如,可以组成传统文化促

进委员会等,并设置专门的办事机构,负责中央层面有关传统文化融入高校思想政治教育决策的制定、指导、监督和贯彻落实等工作。在地方层面,亦要形成与中央相对应的议事协调机制。以此统筹协调传统文化融入高校思想政治教育工作的顺利开展,避免出现"一窝蜂"现象。各高校也要确立传统文化融入高校思想政治教育的专门单位和责任人,确保中央和地方的各项决策部署得以有效落实。

搭建系统结构。在确立牵头负责单位后,最关键的是要保证各项决策部署能落到实处,取得实效。在具体落实上,应确立高校的主体地位。高校是加强和促进学生思想政治教育工作发展的主战场、主阵地,把党中央有关传统文化的指导思想贯彻落实下去,是高校义不容辞的责任,高校可以成为也应当成为这一工作的主要参与者、实施者。高校要与教育、宣传、文化等各相关单位和部门密切协作,明确各自职责和任务,提出传统文化融入高校思想政治教育的具体措施,搭建系统结构,优化布局,合理搭配力量,保证融入工作运转有序。

完善评价和督导机制。中华优秀传统文化与高校思想政治教育的融合,关键在于各项政策措施的落实,而建立一套行之有效的评价与督导机制就显得尤为必要,也是促进中华优秀传统文化融入高校思想政治教育的一个强有力抓手。在构建及完善评价和督导机制时,要将中华优秀传统文化与高校思想政治教育的融合作为教育现代化监测评价指标体系的重要内容,吸收借鉴现代管理科学等学科的积极因素,合理设置评价指标和指数,搭建评价指标体系,适时引入第三方和社会评价机构参与评价工作,积极运用现代大数据原理,科学使用数据分析。要开展综合督导、专项督导、随机督导、挂牌督导等形式多样的督导活动,定期与不定期相结合,在此基础上建立督导激励机制,褒扬先进,督促后进,调动传统文化融入高校思想政治教育的各方参与主体的积极性。

七、推动对外交流,探索中华优秀传统文化融入新模式

习近平总书记在《在纪念孔子诞辰 2565 周年国际学术研讨会暨国际儒学联合会第五届会员大会开幕会上的讲话》中指出:"包括儒家思想在内的中国优秀传统文化中蕴藏着解决当代人类面临的难题的重要启示……中国优秀传统文化的丰富哲学思想、人文精神、教化思想、道德理念等,可以为人们认识和改造世界提供有益启迪,可以为治国理政提供有益启示,也可以为道德建设提供有益启发。"世界是一个有机统一体,不同地域、不同国家、不同民族之间的文化也不是相互割裂的,都处在一个相互交流、相互吸收、相互融合的过程当中。只有取长补短,才能实现各自的创新发展。在人类发展历史进程中,域外国家和民族也创造了属于本国家、本地区、本民族的灿烂辉煌的文化,比如古代西亚两河流域的古巴比伦文化、北非的古埃及文化、南亚的古印度文化、欧洲的古希腊古罗马文化,以及近现代的西方启蒙文化等。

中华优秀传统文化是中华民族屹立于世界民族之林的深

厚软实力,能历久弥新的一个重要原因就是其不排斥外来文化、域外文化,而是善于发现外来文化、域外文化的特点,取其精华,去其糟粕,兼容并蓄,最终为中华文化所吸收。在全球化步伐进一步加快,不同国家与地区之间的交流进一步加深的时代背景下,如何推动中华优秀传统文化的对外传播,使中华优秀传统文化更好地走出国门,在对外交往中展现自身强大魅力,增强对其他国家和地区的吸引力,是时代对中华优秀传统文化发展的客观要求,也是中华优秀传统文化更好地融入高校思想政治教育的必由之路。中华优秀传统文化是一座取之不尽的精神富矿,至今依然闪烁着耀眼的智慧光芒。中华优秀传统文化的对外交流从来都不是单向的,而是双向的,是走出去与引进来的有机结合。在对外交往中,域外国家和地区能更深入地领略中华优秀传统文化的魅力,传统文化也能学习借鉴域外优秀文化的因子,实现自身的创新和完善发展。

中国历来倡导"和而不同",中华传统文化也是一种包容性极广的文化。对外交流是中华优秀传统文化融入高校思想政治教育的新模式。当前,以影视作品等方式展现的域外文化对高校学生具有极强的吸引力,每当这些作品出现时,他们都乐于积极参与其中。从直观上看,这对我们加强高校思想政治教育是一种挑战,但反过来看,如果我们善于引导学生认识域外文化的特点、本质和核心等,让学生学会正确认识域外文化,这正好可以成为我们将优秀传统文化融入高校思想政治教育、实现高校思想政治教育工作发展的新途径。在这些影视作品出现之前，我们可以根据其特点主动将传统文化因素融入其中，使其中国化。这样一来，可使高校学生潜移默化地接受中华优秀传统文化的影响。

另外，各级教育行政主管部门和高校，可以在合理限度范围内组织高校师生到域外国家和地区参观考察，特别是要到设有孔子学院、中华优秀传统文化氛围较为浓厚的国家和地区去，使高校师生通过直观感知、对比、甄别，认识到中华优秀传统文化的精神内涵和魅力，从而提升他们的道路自信、理论自信、制度自信和文化自信，增强他们传承中华优秀传统文化、强化思想政治教育的自觉性和主动性。树立文化主体意识与文化创新意识，正确认识和处理传统文化与马克思主义、社会主义核心价值观的关系，自觉把个人理想与国家前途命运结合起来。

参考文献

一、著作

[1]中共中央马克思恩格斯列宁斯大林著作编译局.马克思恩格斯全集:第一卷[M].北京:人民出版社,1956.

[2]中共中央马克思恩格斯列宁斯大林著作编译局.马克思恩格斯全集:第二卷[M].北京:人民出版社,2012.

[3]中共中央马克思恩格斯列宁斯大林著作编译局.马克思恩格斯全集:第三卷[M].北京:人民出版社,2012.

[4]中共中央马克思恩格斯列宁斯大林著作编译局.马克思恩格斯全集:第四十一卷[M].北京:人民出版社,1982.

[5]中共中央马克思恩格斯列宁斯大林著作编译局.列宁全集:第三十九卷[M].北京:人民出版社,1986.

[6]中共中央党校教务部.马列著作选编[M].北京:中共中央党校出版社,2002.

[7]毛泽东.毛泽东选集:第二卷[M].北京:人民出版社,1991.

［8］毛泽东.毛泽东选集：第三卷［M］.北京：人民出版社，1991.

［9］中共中央文献研究室中央档案馆.建党以来重要文献选编（一九二一———一九四九）：第十五册［M］.北京：中央文献出版社，2011.

［10］中共中央文献研究室中央档案馆.建党以来重要文献选编（一九二一———一九四九）：第十六册［M］.北京：中央文献出版社，2011.

［11］邓小平.邓小平文选：第二卷［M］.北京：人民出版社，1994.

［12］邓小平.邓小平文选：第三卷［M］.北京：人民出版社，1993.

［13］习近平.决胜全面建成小康社会　夺取新时代中国特色社会主义伟大胜利：在中国共产党第十九次全国代表大会上的报告（2017年10月18日）［M］.北京：人民出版社，2017.

［14］中央文献研究室.中国共产党第十八次全国代表大会文件汇编［M］.北京：人民出版社，2012.

［15］《中国大百科全书》总编委会.中国大百科全书：第二十三卷［M］.2版.北京：中国大百科全书出版社，2009.

［16］中共中央党校科社教研室.文明和文化：国外百科辞书条目选译［M］.北京：求实出版社，1982.

［17］中国社会科学院语言研究所词典编辑室.现代汉语

词典[M].7版.北京:商务印书馆,2016.

　　[18]张晓华.东方道德研究[M].北京:中华工商联合出版社,2004.

　　[19]陈麟书,田海华.神圣使命:重读马里坦[M].成都:四川人民出版社,1997.

　　[20]赵骏河.东方伦理道德[M].长春:吉林人民出版社,2004.

　　[21]陈守聪,王珍喜.中华传统文化的价值与现代德育构建[M].北京:光明日报出版社,2013.

　　[22]王晓昕,李友学.传统文化与道德建设[M].贵阳:贵州民族出版社,2004.

　　[23]王飞,杨玲.云南少数民族传统文化与道德教育研究[M].昆明:云南大学出版社,2009.

　　[24]梁守德,方连庆.1996:国际社会与文化[M].北京:北京大学出版社,1997.

　　[25]金忠明.乐教与中国文化[M].上海:上海教育出版社,1994.

　　[26]高申春.人性辉煌之路:班杜拉的社会学习理论[M].武汉:湖北教育出版社,2000.

　　[27]梁漱溟.东西文化及其哲学[M].北京:商务印书馆,2010.

　　[28]庞朴.师道师说:庞朴卷[M].北京:东方出版社,2018.

　　[29]张岱年.张岱年文集:第六卷[M].刘鄂培,主编.北

京:清华大学出版社,1995.

[30]刘芳,种剑德,王玉红.中国传统文化[M].北京:中国传媒大学出版社,2015.

[31]刘向信,刘志扬,韩书堂.马克思主义与中国传统文化[M].北京:社会科学文献出版社,2009.

[32]张岂之.中国传统文化[M].3版.北京:高等教育出版社,2010.

[33]何静,韩怀仁.中国传统文化[M].北京:解放军文艺出版社,2002.

[34]田广林.中国传统文化概论[M].2版.北京:高等教育出版社,2011.

[35]梁漱溟.中国文化要义[M].2版.上海:上海人民出版社,2011.

[36]夏征农,陈至立.辞海:彩图本[M].6版.上海:上海辞书出版社,2009.

[37]路琴.公民道德教育与社会价值观构建研究[M].长春:吉林人民出版社,2011.

[38]秦树理.公民道德导论[M].郑州:郑州大学出版社,2008.

[39]徐继超.公民道德教育与公民法制教育[M].北京:中国社会出版社,2003.

[40]唐凯麟.伦理学[M].北京:高等教育出版社,2001.

[41]约翰·洛克.教育漫话[M].傅任敢,译.北京:教育科

学出版社,1999.

[42]王东莉,等.德育人文关怀实践论[M].杭州:浙江大学出版社,2015.

[43]季羡林.季羡林说和谐人生[M].北京:中国书店,2008.

[44]季羡林.季羡林谈东西方文化:精装珍藏版[M].杭州:浙江人民出版社,2016.

[45]韩复智.钱穆先生学术年谱[M].北京:中央编译出版社,2012.

[46]钱穆.新亚遗铎[M].北京:生活·读书·新知三联书店,2004.

[47]钱穆.国史大纲(全两册)[M].北京:商务印书馆,2010.

[48]钱穆.国史新论[M].2版.北京:生活·读书·新知三联书店,2005.

[49]冯友兰.三松堂自序[M].长春:长春出版社,2017.

[50]吴宗英.现代西方新托马斯主义[M].福州:福建人民出版社,1988.

[51]马里坦.教育在十字路口[M].高旭平,译.北京:首都师范大学出版社,2010.

[52]陈来.中华文明的核心价值:国学流变与传统价值观[M].北京:生活·读书·新知三联书店,2015.

[53]罗国杰.中国传统道德:教育修养卷(重排本)[M].北

京:中国人民大学出版社,2012.

[54]陈万柏,张耀灿.思想政治教育学原理[M].北京:高等教育出版社,2001.

[55]弗朗西斯·培根.人生论[M].林峰,编译.北京:民族出版社,2001.

[56]陈秉公.思想政治教育学原理[M].沈阳:辽宁人民出版社,2000.

[57]庄子.庄子[M].方勇,译注.北京:中华书局,2010.

[58]刘安,苏非,李尚,等.淮南子[M].陈广忠,译注.北京:中华书局,2012.

[59]尚书[M].王世舜,王翠叶,译注.北京:中华书局,2012.

[60]周易[M].杨天才,张善文,译注.北京:中华书局,2011.

[61]左传[M].郭丹,程小青,李彬源,译注.北京:中华书局,2012.

[62]诗经[M].刘毓庆,李蹊,译注.北京:中华书局,2011.

[63]屈原,宋玉,淮南小山,等.楚辞[M].林家骊,译注.北京:中华书局,2010.

[64]颜之推.颜氏家训[M].檀作文,译注.北京:中华书局,2011.

[65]杨天宇.礼记译注[M].上海:上海古籍出版社,2004.

[66]吕不韦.吕氏春秋[M].陆玖,译注.北京:中华书

局,2011.

[67]刘义庆.世说新语[M].朱碧莲,沈海波,译注.北京:中华书局,2011.

[68]班固.汉书[M].北京:中华书局,1962.

[69]应劭.风俗通义校注[M].王利器,校注.2版.北京:中华书局,2010.

[70]刘昫,等.旧唐书[M].北京:中华书局,1975.

[71]房玄龄,等.晋书[M].北京:中华书局,1974.

[72]姚思廉.梁书[M].北京:中华书局,1973.

[73]朱熹.朱子语类全八册[M].黎靖德,编.王星贤,点校.北京:中华书局,1999.

[74]张载.张载集[M].章锡琛,点校.北京:中华书局,1978.

[75]朱熹.四书章句集注[M].北京:中华书局,2011.

[76]王守仁.王阳明全集[M].吴光,钱明,董平,等,编校.上海:上海古籍出版社,2014.

二、期刊

[1]石书臣.中国优秀传统文化与现代德育的内在联系[J].思想理论教育,2012(3):29-34.

[2]叶鑫.传统文化与德育的内在契合[J].皖西学院学报,2015(6):34-37.

[3]鲁力.中国传统文化的伦理取向及其道德教育价值研

究[J].学术论坛,2016(2):128-132.

[4]孙熙国.中国优秀传统文化与当代青年发展[J].学校党建与思想教育,2011(31):13-15.

[5]李新涛,唐慧荣.传统文化中的道德素质教育[J].教育理论与实践,2001(5):19-20.

[6]高伟洁.儒家君子理想与当代公民素质教育[J].郑州大学学报(哲学社会科学版),2008(5):14-17.

[7]崔景明.道家伦理智慧价值及在思想政治教育中的运用[J].思想教育研究,2011(4):57-59.

[8]马忠,张晓玲.论中国古代道德教育的基本方法及其现实意义[J].思想政治教育研究,2016(4):96-100.

[9]翟福生.中国传统道德修养方法[J].殷都学刊,2007(1):151-154.

[10]陈力祥.乐教在中国传统道德文化现代践行中的意义与作用[J].中南大学学报(社会科学版),2012(1):6-10.

[11]王双同.以传统文化开辟公民道德建设新思路[J].人民论坛,2016(25):238-239.

[12]沈建华.传统文化视角下青少年道德教育的活化和链接[J].教育研究,2015(11):25-29.

[13]余维武.公民教育与公民道德教育:对当前我国公民教育与公民道德教育的一种解读[J].思想理论教育(上半月综合版),2005(7):91.

[14]曹辉.公民道德教育的三个基本理念[J].中国教育学

刊,2005(7):30.

　　[15]张笑涛.为"道德教育、公民教育与公民道德教育"正名[J].现代教育管理,2012(9):92.

　　[16]魏开琼.论公民教育与公民道德教育[J].河北学刊,2004(3):206.

　　[17]王传峰.伦理思维视域下的公民道德教育[J].教育评论,2015(3):51.

　　[18]刘梅.公民的本质精神与公民道德教育的建构[J].华南师范大学学报(社会科学版),2005(2):108.

　　[19]黄正泉,王健.人文关怀:思想政治教育之魂[J].现代大学教育,2007(3):57.

　　[20]刘婧,郭凤志,刘景辉.论文化教化在提升国民道德素养中的作用[J].思想教育研究,2016(4):25.

　　[21]冯友兰.再论中国哲学遗产底继承问题[J].哲学研究,1957(5):73.

　　[22]洪明.赫钦斯教育思想述评[J].福建师范大学学报(哲学社会科学版),1989(3):128.

　　[23]洪明.新托马斯主义教育思想探析[J].福建师范大学学报(哲学社会科学版),1998(1):113.

　　[24]张传开.论"以人为本"及其与人本主义的关系[J].学术界,2005(2):30.

　　[25]冯晓坤.孟子的独立人格精神及其当代价值[J].沈阳工程学院学报(社会科学版),2013(1):23.

［26］张兴国.可持续发展与人的主体地位［J］.北京大学学报（哲学社会科学版），2003（2）：27.

［27］戚万学，唐汉卫.以人为本的道德和以学生为本的道德教育［J］.中国教育学刊，2003（1）：8.

［28］肖群忠.中庸之道与情理精神［J］.齐鲁学刊，2004（6）：7.

［29］肖祥.论道德情感与感动教育［J］.黑龙江高教研究，2006（11）：103.

［30］阮星光，王春茹.案例教学在"思想道德修养"课中应用的思考［J］.国家教育行政学院学报，2007（3）：42.

［31］宋志明.中国传统知行观综论［J］.江南大学学报（人文社会科学版），2015（4）：6.

［32］祁刚利.道德自觉、个体人格与公德心［J］.河北师范大学学报（哲学社会科学版），2013（6）：51.

［33］孙英.论躬行：培养个人道德意志的道德修养方法［J］.上海师范大学学报（哲学社会科学版），2008（2）：24.

［34］冯永刚.构建现代公民道德教育体系的必要性及路径选择［J］.教育理论与实践，2017（4）：50.

［35］曹德本.中国传统文化与世界多元文化［J］.清华大学学报（哲学社会科学版），2001（4）：2.

［36］卢黎歌，程馨莹.如何认识和分析历史虚无主义思潮［J］.西安交通大学学报（社会科学版），2014（6）：80.

［37］刘鹏.论诗的道德教育功效：基于中国古诗的分析

［J］.当代教育科学,2011(13):12.

　　［38］唐鹏.民风民俗与当代青少年的养成教育［J］.广西民族学院学报(哲学社会科学版),1995(Z1):98.

　　［39］何新生,张涛.增强朋辈群体凝聚力　提高朋辈教育实效性［J］.学校党建与思想教育,2012(33):21.

　　［40］段超,孙炜.关于完善非物质文化遗产保护政策的思考［J］.中南民族大学学报(人文社会科学版),2017(6):62.

　　［41］丁宏.优秀传统文化与大学生思想政治教育融合探究［J］.思想政治教育研究,2016(6):99.

　　［42］蒋勇,邱国栋.论个人品德与社会公德、职业道德、家庭美德及其关系［J］.思想教育研究,2010(9):39-43.

　　［43］何家义.论传统文化自觉与大学生核心价值体系培育［J］.思想教育研究,2010(3):20.

　　［44］曲江滨,张薇.传统文化在大学生思想政治教育中的价值与应用［J］.学校党建与思想教育,2012(1):69.

　　［45］舒维霖.中国优秀传统文化融入高职院校思想政治教育的路径探析［J］.学校党建与思想教育,2015(3):35-36.

　　［46］冯晓坤.孟子的独立人格精神及其当代价值［J］.沈阳工程学院学报(社会科学版),2013(1):23-25.

三、学位论文

　　［1］刘鹏.诗在道德教育中的价值研究［D］.济南:山东师范大学,2012.

［2］郭勤艺.思想政治教育传统文化资源开发研究［D］.武汉:武汉大学,2016.

四、报纸

［1］习近平.在纪念孔子诞辰2565周年国际学术研讨会暨国际儒学联合会第五届会员大会开幕会上的讲话(2014年9月24日)［N］.人民日报,2014-09-25(2).

［2］习近平.在文艺工作座谈会上的讲话(2014年10月15日)［N］.人民日报,2015-10-15(2).

［3］习近平.青年要自觉践行社会主义核心价值观:在北京大学师生座谈会上的讲话(2014年5月4日)［N］.人民日报,2014-05-05(2).

［4］习近平.把培育和弘扬社会主义核心价值观作为凝魂聚气强基固本的基础工程［N］.光明日报,2014-02-26(1).

后　记

　　道德是人们内心的法律,能够平衡各种利益纷争,实现个人、自然与社会的和谐共处。道德水平是社会文明程度的重要标志,加强大学生道德修养是新时代建设中国特色社会主义的必然要求,也是实现中华民族伟大复兴的应有之意。大学生道德教育是提升大学生道德境界的关键环节,加强和深化高校思想政治教育,能够激励大学生遵守社会公德、职业道德、家庭美德,引导大学生追求崇德向善的道德品格。《左传》记载:"'大上有立德,其次有立功,其次有立言。'虽久不废,此之谓不朽。"人生的最高境界是树立和实现高尚的道德理想,其次才是事业上建功立业、著书立说。因此,"立德树人"是做人的根本和开始,当下加强思想政治教育迫在眉睫,必须坚持德育为先,着力促进大学生全面发展,坚持培育大学生健全人格,这样才会培养出真正对社会有用的人才。自2001年,中共中央颁布《公民道德建设实施纲要》已过去了19个年头,以学校教育为主体的高校思想政治教育已在全社会进行广泛普及。2015年7月,中央宣传部、教育部印发了《普通高校思想政治理论课建设体系创新计划》；2017 年 2 月，中共中央、国务院印发了《关于加强和改进新形势下高校思想政治工作的意见》；2018 年 4 月，教育部印发了《新时代高校思想政治理论课教学工作基本要求》；2019 年 8 月，中共中央办公厅、国务院办公厅印发了《关于深化新时代学校思想政治理论课改革创新的若干意见》；2019 年 11 月，中共中央、国务院印发了《新时代爱国主义教育实施纲要》；2020 年 1 月，教育部出台了《新时代高等学校思想政治理论课教师队伍建设规定》；2020 年 4 月，教育部、中共中央组织部、中共中央宣传部等联合印发了《教育部等八部门关于加快构建高校思想政治工作体系的意见》；2020 年 5 月，教育部印发了《高等学校课程思政建设指导纲要》。这些举措充分说明国家对高校思想政治教育的高度重视。然而，高校思想政治教育难以入脑入心，形式化倾向严重，却是不争的事实。中华优秀传统文化中蕴含着高校思想政治教育的理念、内容、方法，对其认真学习、充分吸收、创造转化，能够丰富高校思想政治教育内容，促进大学生道德教育方式的多元化，促进高校思想政治教育实效性的提升。

在党和国家大力倡导提高全社会文明程度，深化实施大学生道德建设工程的关键时期，我们要积极响应国家号召，明确中华优秀传统文化在高校思想政治教育中的价值，不断创造中华优秀传统文化价值实现的条件，加强和提升中华优秀传统文化价值实现的程度和水平。具体而言，应在掌握中华优秀传统文化的道德教育原则的基础上，借鉴中华优秀传统文化的教育理念优化教育模式,整合中华优秀传统文化的教育内容提升教育质量,利用中华优秀传统文化的教育方法增强教育效果,同时运用古代诗词、古典乐舞、文物古迹、节庆习俗等传统文化道德教育载体,开拓高校思想政治教育多样化形式,在家庭、学校、社会、朋辈间营造良好的中华优秀传统文化育人氛围,构建中华优秀传统文化价值实现的保障体系,充分发挥大学生道德教育在提升道德素质、强化道德品行方面的基础性作用,增强大学生道德教育的针对性和实效性,为社会主义现代化建设培养出更多的高素质人才。

目前,学术界关于中华优秀传统文化在高校思想政治教育中的研究尚处于起步阶段,系统性的研究成果相对较少,笔者囿于研究资料、知识结构、写作能力等因素,对中华优秀传统文化在高校思想政治教育中价值元素的归纳及价值实现路径的探索可能存在不够完全之处,致使本文的研究尚有向纵深发展的可能。

在今后的学习和研究中,笔者将进一步阅读中华优秀传统文化相关书籍,从多个角度挖掘中华优秀传统文化的价值元素,及时梳理和总结学术界的相关研究成果,推进理论研究的不断深入。与此同时,笔者也将在教育教学的实践中不断探索中华优秀传统文化价值实现的新路径,促进中华优秀传统文化价值实现,真正做到用理论指导实践,为高校思想政治教育效果的提升贡献自己的力量。

中华优秀传统文化在高校思想政治教育中价值的实现,

能够提升高校思想政治教育效果,有效促进社会文明与进步,
推进国家治理体系和治理能力现代化,助力中华优秀传统文
化的传承与弘扬,推动我国朝着世界文明之国的方向不断
迈进!

2020 年 8 月